MW01675935

P.M.E. LIBRARY
BIBLIOTHEQUE F.P.M.

Masque de
danse tibétain

Tutu

Danseuse de
bharatanatya

Bâton de
danse nigérien

Diadème pour
danseuse de ballet

Bracelet et
boucle d'oreille
javanais

Maquette
de costume

Bodhisattva
dansant

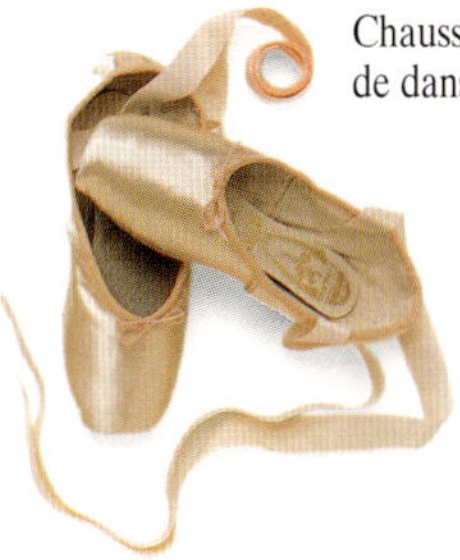

Chaussons à pointes de danseuse de ballet

le monde de la danse

Bijoux pour le *bharatanatya*

P.M.E. LIBRARY
BIBLIOTHEQUE E.P.M.

par

Andrée Grau

Photographies originales de Andy Crawford

Le poisson, une pose spectaculaire du pas de deux en danse classique

P.M.E. LIBRARY
BIBLIOTHEQUE E.P.M.

GALLIMARD

Pointes

Bracelet de cheville ghanéen

Clochette de cuisse kenyane

Comité éditorial

Londres :
Gillian Denton, Julia Harris,
Linda Martin, Cynthia O'Neill,
Marian Broderick, Cheryl Telfer,
Louise Thomas, Lisa Moss, Nicky Studdart

Paris :
Christine Baker, Clotilde Lefebvre,
Jacques Marziou et Éric Pierrat

Edition française traduite et adaptée par
Jean Esch
Conseiller : Jean-Pierre Pastori,
président des Archives suisses de la danse
Edition : Eric Pierrat
Préparation : Emmanuel de Saint-Martin
Correction : Lorène Bücher et Eliane Rizo
Montage PAO : Myriam Leblond
Flashage : Actuels Service, Paris VIe
Maquette de couverture : Pierre Lescault
Photogravure de couverture : Mirascan
Publié sous la direction de

Peter Kindersley,
Jean-Olivier Héron
et
Pierre Marchand

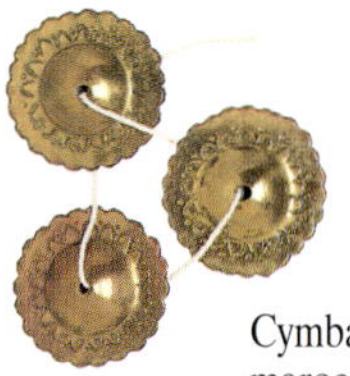
Cymbales marocaines

ISBN 2-07-051877-9
La conception de cette collection est le fruit
d'une collaboration entre les Editions Gallimard
et Dorling Kindersley
© Dorling Kindersley Limited, Londres, 1998
© Editions Gallimard, Paris, 1998, pour l'édition française
Loi n° 49-956 du 16 juillet 1949
sur les publications destinées à la jeunesse
Dépôt légal : octobre 1998.
N° d'édition : 85332
Imprimé à Singapour

Danseur de cour javanais (Indonésie)

Danseuse de jazz (Etats-Unis)

SOMMAIRE

Danseur de kathakali (Inde)

P.M.E. LIBRARY
BIBLIOTHEQUE E.P.M.

QU'EST-CE QUE LA DANSE ?

La danse est une suite de mouvements rythmiques du corps, exécutés dans un ordre précis, le plus souvent à la cadence d'une musique. Toutes les sociétés humaines connaissent la danse, en solo, en couple ou en groupe. On danse pour s'exprimer, transmettre son histoire et faire travailler son corps. En ce sens, la danse est la célébration de l'identité émotionnelle, mentale et physique de l'être humain. Mais elle peut être aussi une préparation au combat ou un geste de protestation muette. La danse sert souvent à marquer des étapes importantes de la vie ou à commémorer un événement capital dans l'histoire d'une communauté. Dans les sociétés primitives, la danse aidait les hommes à survivre ; c'était une façon pour les individus d'apprendre à travailler et à chasser ensemble, et, comme aujourd'hui, la danse permettait sans doute à nos ancêtres d'exprimer des sentiments difficiles à communiquer autrement.

Danseur de dinka au Soudan (Afrique)

Il faut parfois beaucoup de temps pour apprendre les pas de certaines danses folkloriques.

LA JOIE DE DANSER

Quand on éprouve une grande joie, on a parfois envie de faire des bonds et d'esquisser des pas de danse. Pour beaucoup de gens, le numéro exubérant de Gene Kelly dans *Chantons sous la pluie* (1952) illustre à merveille le bonheur de danser et de vivre.

LES DANSES OUBLIÉES

Comme d'autres créations artistiques, les danses ne sont pas fixées sur un support et doivent être pratiquées pour continuer d'exister. Par exemple, la gaillarde n'étant plus dansée de nos jours, ses pas ont été oubliés. Il ne reste que des documents, comme cette gravure ancienne, pour nous donner une vague idée de ce que pouvait être cette danse animée du XVIe siècle.

LA DANSE COMME FOLKLORE

Certaines danses se transmettent de génération en génération au sein de collectivités où elles sont apparues. Dans de nombreuses régions d'Afrique, des danses ont pour fonction de renforcer l'identité d'un peuple, ou ont lieu lors de rituels ou de rites d'initiation.

LA DANSE COMME FORME ARTISTIQUE

La danse moderne s'inscrit généralement en rupture avec les chorégraphies issues du répertoire classique. Toutefois, des danseurs noirs contemporains en ont conservé certaines figures – européenne et africaine –, en les mêlant à une gestuelle plus impulsive, née du folklore ou de la rue. C'est ainsi qu'a commencé une nouvelle forme d'art.

Les poses figées et brèves proviennent de la tradition classique.

Placement de jambes hérité du ballet classique

Mouvement moderne de la main

Le mot « isolation » désigne un mouvement du buste bougeant indépendamment des autres parties du corps.

Improvisation gracieuse, inspirée de danses folkloriques ou de rue

Le tissu est choisi de manière à souligner la fluidité tourbillonnante des mouvements de la danse de jazz.

Pourtant les positions des pieds rappellent celles du ballet classique.

Danser pieds nus est une autre façon de se démarquer de la tradition classique.

Le jeu des regards ajoute à la sensualité du tango.

La position des deux corps est symétrique.

LES DANSES INTERDITES

Certaines danses ont pu faire l'objet d'interdictions. En 1913, par exemple, les militaires allemands risquaient d'être rayés des cadres s'ils dansaient le tango. Aux Etats-Unis, en 1956, au cours d'une des premières apparitions à la télévision d'Elvis Presley, les caméras ne filmèrent que le buste du chanteur, ses mouvements de hanches étant jugés choquants.

STRUCTURE ET RYTHME

Les anciens Grecs considéraient la danse comme un don des immortels. Le mot grec *kora*, signifiant « source de joie », ressemble au mot grec *koros*, qui désigne la danse. L'ordre et le rythme, les deux caractères principaux de la danse, étaient les qualités des dieux. Platon écrivait : « La danse donne au corps ses justes proportions. »

Bouddha dansant (Chine)

LES DANSES SACRÉES

De nombreuses religions, tel l'islam sunnite, intègrent la danse dans leurs célébrations, et il n'est pas rare de voir des personnes danser dans les lieux saints. D'autres religions ne connaissent pas la danse, mais des gestes rituels exécutés par les prêtres lisant les textes sacrés, ou des postures adoptées par les fidèles en train de prier. En France au Moyen Age, le fait de suivre, par exemple, le chemin du labyrinthe de la cathédrale de Chartres était une manière d'adorer Dieu.

L'APPRENTISSAGE DE LA DANSE

Chacun peut apprendre à danser à sa manière, en regardant les autres ou en suivant des cours. Selon les régions du monde, on n'exige pas les mêmes qualités physiques d'un danseur ou d'une danseuse. Par exemple, les danseurs du Sud-Est asiatique doivent acquérir une apparence bien définie, et chaque jour ils font des exercices qui développent leurs muscles et leur assurent un maintien très remarquable. D'autres traditions tolèrent plus de diversité dans les formes et la taille des danseurs, mais danser demande toujours beaucoup d'énergie et de souplesse. Il y a des pays où la danse est réservée aux jeunes et où les danseurs prennent leur retraite très tôt. Dans d'autres lieux, en revanche, on considère que les danseurs se bonifient en vieillissant.

Quand ils s'entraînent, les danseurs cambodgiens se contentent de vêtements confortables mais, lors des représentations, ils portent des costumes qui semblent littéralement cousus sur eux.

Le pouce et l'index ainsi disposés symbolisent l'offrande.

LA DANSE CLASSIQUE CAMBODGIENNE
La danse cambodgienne se caractérise par un rythme très lent, presque hypnotique, et des mouvements souples comme des vagues. Pour parvenir à un tel résultat, les danseurs doivent assouplir extrêmement toutes leurs articulations. Les élèves font des exercices appropriés pour acquérir des mains, des doigts et des coudes si souples qu'on les croirait sans os.

La souplesse de la cheville est capitale, car elle permet aux danseurs de se déplacer en donnant l'impression de glisser.

Torsions et spirales partant du centre du corps sont un élément de la chorégraphie.

MARTHA GRAHAM
Pour la chorégraphe Martha Graham (1894-1991), rien n'était aussi merveilleux que le corps humain. A ses yeux, la danse était la célébration du miracle de la beauté du corps, et elle disait des danseurs qu'ils étaient « les athlètes de Dieu ». D'ailleurs, Graham exigeait de ses danseurs une grande rigueur dans leurs mouvements, comme des athlètes, et chaque jour ils devaient s'astreindre à des exercices basés sur ses principes de contraction, de détente et de spirale. Les chorégraphies de Graham avaient pour dessein de dévoiler le paysage intérieur d'une personne, ce qu'elle appelait « la caverne du cœur ».

The Song (1985), chorégraphie de Martha Graham

Les chorégraphies de Martha Graham comportent beaucoup de mouvements au sol.

LA SAMBA À RIO
La samba est une danse brésilienne à deux temps ; comme beaucoup d'autres danses d'Amérique du Sud, elle a des racines africaines et caraïbes. Pendant des mois avant le mardi gras, les Cariocas s'entraînent dans des clubs de quartier, dits écoles de samba, chacune organisant son défilé pour le carnaval. Un prix récompense chaque année la meilleure école de samba, après une féroce compétition.

APPRENDRE À DANSER À BALI

A Bali, en Indonésie, tout le monde peut assister en tant que spectateur aux cours de danse. En effet, les Balinais s'intéressent autant aux représentations proprement dites qu'à l'apprentissage de cet art. Les enfants acquièrent la science des mouvements principalement par imitation (*nuwutin*, en balinais), mais les professeurs sont là pour veiller à ce que leurs jeunes élèves prennent d'emblée les bonnes positions. Cependant, avant même d'avoir un professeur – parfois même avant de savoir marcher –, l'enfant apprend de ses parents le placement des bras et des mains.

Les danses stylisées comme celle-ci, du Japon, conviennent à des danseurs âgés.

La symétrie occupe une place importante dans la danse japonaise.

VIEUX ET JEUNES

La danse n'est pas une prérogative des jeunes. En Asie, par exemple, plus le danseur est âgé, plus on l'apprécie. Les Japonais, jeunes et vieux, célèbrent l'arrivée du printemps en dansant lors de la fête de Sakura. Quand les cerisiers fleurissent, les danseurs honorent la beauté éphémère de leur fleur nationale.

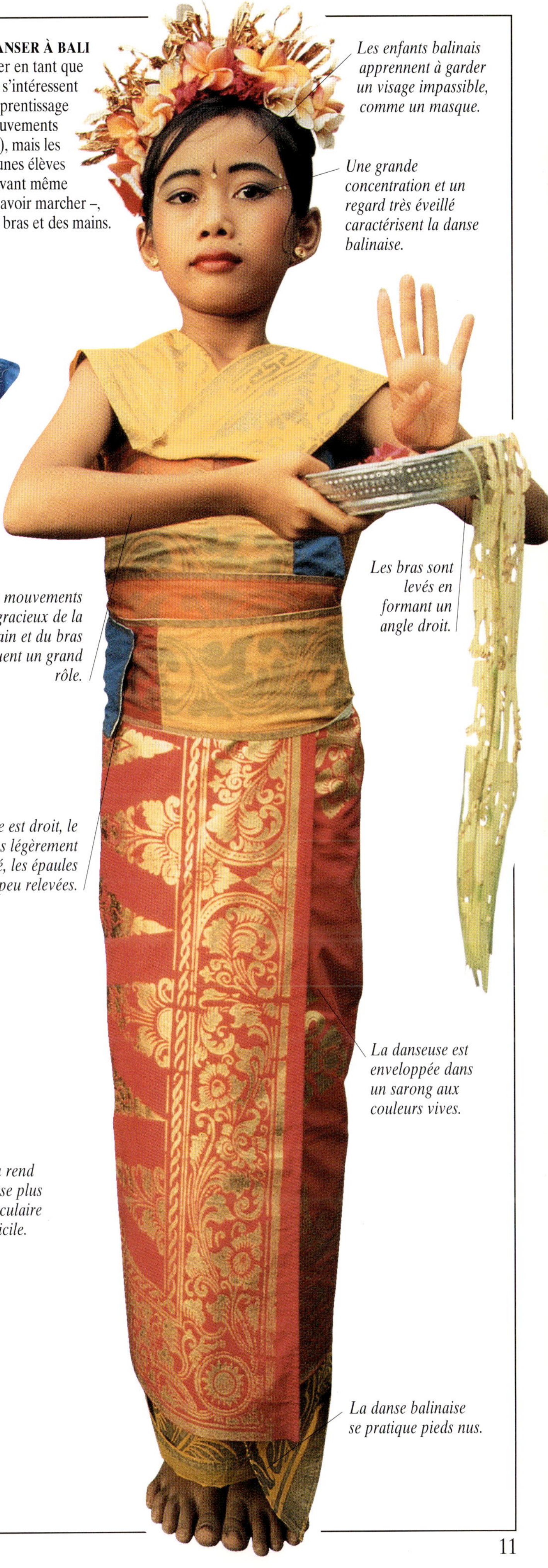

Les enfants balinais apprennent à garder un visage impassible, comme un masque.

Une grande concentration et un regard très éveillé caractérisent la danse balinaise.

Les mouvements gracieux de la main et du bras jouent un grand rôle.

Les bras sont levés en formant un angle droit.

Le buste est droit, le dos légèrement cambré, les épaules un peu relevées.

La danseuse est enveloppée dans un sarong aux couleurs vives.

La danse balinaise se pratique pieds nus.

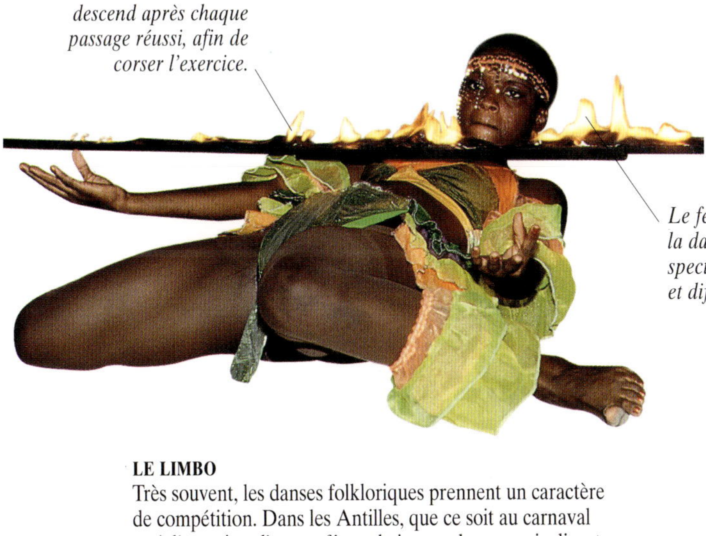

La barre du limbo descend après chaque passage réussi, afin de corser l'exercice.

Le feu rend la danse plus spectaculaire et difficile.

LE LIMBO

Très souvent, les danses folkloriques prennent un caractère de compétition. Dans les Antilles, que ce soit au carnaval ou à l'occasion d'autres fêtes, de jeunes danseurs rivalisent de prouesses quasi acrobatiques. Une de leurs danses, appelée limbo, est née en Afrique occidentale. Même si les mouvements paraissent spontanés, ils demandent une souplesse et une agilité qui ne s'acquièrent qu'après un long travail.

L'ÉCOLE DU BALLET CLASSIQUE

Chaque type de danse repose sur une technique rigoureuse, qui est parfois le fruit de siècles de perfectionnement vers un idéal de beauté. Cet idéal, les meilleurs danseurs l'atteignent à condition de se consacrer très tôt et entièrement à la danse et de se soumettre sans faille à une discipline durant des années. La danse classique demande à ceux qui la pratiquent de l'élégance, des membres fins et le dos bien droit. De plus, les danseurs doivent faire montre d'une énergie incroyable, tout en ne laissant rien paraître des efforts qu'exigent les mouvements. Les danseurs de ballet, quelle que soit leur position au sein de la troupe, doivent travailler quotidiennement afin de rester au sommet de leur forme physique et de conserver une parfaite maîtrise de leurs muscles et de leurs mouvements.

APPRENDRE À SE MUSCLER
Pour effectuer les portés avec aisance, les danseurs doivent être forts. Non seulement les garçons étudient les pas, mais encore ils font des exercices destinés à les muscler sans les déformer. Ils pratiquent ces exercices sous la direction de leurs professeurs.

Les exercices destinés à muscler le haut du corps sont très importants pour les danseurs.

ÉCOLES ET COMPAGNIES
Les prestigieux corps de ballet sont souvent liés à des écoles de danse. Ainsi, la plupart des danseurs et danseuses du célèbre ballet du Kirov (ci-dessus) ont débuté à l'école du même nom, à Saint-Pétersbourg, en Russie.

Jeune élève d'un corps de ballet

Les danseurs apprennent les mouvements de base à la barre.

Le dos est droit.

Les genoux sont à la verticale des orteils.

Les cuisses sont parallèles au sol.

EXERCICES POUR DÉBUTANTS

1 Parmi les premiers mouvements enseignés à un débutant figurent les pliés et les relevés. Ces exercices simples doivent être répétés de nombreuses fois avant d'être exécutés correctement. Voici la position de départ d'un grand plié à la seconde.

2 Les pliés servent à étirer et à renforcer les muscles des jambes. L'élève se baisse lentement, avec douceur, en position demi-plié, les pieds tournés vers l'extérieur, les talons au sol.

3 Le danseur continue de se baisser, en grand plié, sans décoller les talons du sol. Il prend soin de garder le contrôle de ses mouvements, qui doivent rester souples.

LES ARABESQUES
A mesure qu'ils progressent, les élèves apprennent des mouvements de plus en plus difficiles, tels que l'arabesque. Dans cette figure, la danseuse est en équilibre sur une jambe, l'autre étant tendue derrière elle. Si, comme ci-contre, la jambe libre se lève à la demi-hauteur, on a une demi-arabesque.

Le haut du dos reste droit.

La jambe gauche et le bras droit forment une diagonale.

DEGAS ET LE BALLET
Le peintre français Edgar Degas (1834-1917) se passionna pour le monde de la danse. Certaines de ses œuvres ont pour thème des moments en marge de la scène, tels ce cours de danse. Le vieux professeur, appuyé sur son bâton, est en fait le danseur et chorégraphe Jules Perrot (1810-1892), à qui l'on doit une partie du ballet romantique *Giselle*.

La tête est droite.

La paume de la main, dans le prolongement de la ligne du bras, est tournée vers le sol.

TOUJOURS PLUS HAUT !
En acquérant force et souplesse, une danseuse apprend à lever la jambe plus haut derrière elle. Son corps dessine une très belle courbe, depuis la pointe du pied jusqu'à l'épaule, et se trouve en équilibre parfait. Ses bras sont légèrement tendus, sans raideur, en harmonie avec le corps.

Jambe libre

ARABESQUES PLUS COMPLEXES
Un élève ayant suivi des cours de danse pendant plusieurs années arrive à effectuer des mouvements relativement plus complexes. Ici, la danseuse, en équilibre sur une demi-pointe, tourne la tête vers la droite. Dans cette position très expressive, la jeune fille peut tendre et baisser sa jambe libre, en décrivant des cercles.

En demi-pointe, la danseuse se tient sur les phalanges des orteils.

Les danseurs prennent appui sur la barre durant certains exercices.

DANS UN STUDIO DE DANSE
Les murs d'un studio de danse sont couverts de miroirs pour que les élèves puissent vérifier leurs positions durant les exercices. Le sol est un parquet, assez souple pour que les danseurs, quand ils retombent après un saut, ne se fassent pas mal aux articulations. Une longue barre de bois, dite simplement barre, court sur toute la longueur du mur.

Ligne souple et fluide

Les spectateurs ont l'impression que les jambes de la danseuse sont croisées. En réalité cette dernière est en quatrième position.

ARABESQUE CROISÉE À TERRE
Il existe une grande variété d'arabesques, et les élèves apprennent comment chacune d'elles peut exprimer des états d'esprit et des sentiments différents. Dans la figure appelée arabesque croisée à terre, le dos et la nuque forment une ligne gracieuse. La danseuse se concentre pour conserver le bon placement des jambes et du bassin.

L'ACCOMPAGNEMENT DE LA DANSE

Le plus souvent, la danse s'exécute au son de la musique, mais elle peut aussi s'accompagner d'un bruitage qui reconstitue, par exemple, la rumeur de la rue, le bourdonnement d'insectes, des cris d'animaux, voire le claquement répété d'une porte. On peut aussi dire des textes, sacrés ou poétiques, ou bien laisser s'installer le silence. Le rapport entre les mouvements rythmés et les sons qui les accompagnent varie beaucoup, mais il est sûr que la musique ou les bruits sont essentiels à l'instauration d'une atmosphère appropriée. Dans les ballets occidentaux, l'orchestre est généralement caché aux yeux du public, tandis qu'ailleurs dans le monde, les musiciens se montrent et contribuent largement au spectacle visuel.

Frapper ensemble des baguettes de tambour crée un autre son de percussion.

LES DANSES DES TONGA
La poésie chantée, qui puise souvent son inspiration dans les mythes et légendes, accompagne certaines danses des Tonga, un Etat d'Océanie. Le danseur interprète des paroles importantes du poème. A titre d'exemple, si le texte évoque une fleur, les mouvements symboliseront un souffle de vent transportant le parfum de la dite fleur. Ce type de danse, exécuté debout ou assis, comporte des mouvements gracieux des bras et des mains.

FRAPPEZ DANS VOS MAINS
La *cueca*, au Chili, se danse en couple au son de la guitare, ce qui n'empêche pas les chanteurs et les danseurs de ponctuer la musique en frappant dans leurs mains. Cette danse et son accompagnement entraînant ont inspiré la chanson *America* dans le film *West Side Story* réalisé par Robert Wise en 1961 sur une chorégraphie de Jerome Robbin et une musique de Leonard Bernstein.

LES TAMBOURS D'AFRIQUE
Parce que l'Afrique est un immense continent, abritant des cultures très diverses et peuplé de nombreuses ethnies, on y rencontre une immense variété de musiques de danses. Celle-ci va du chant traditionnel *a capella* (sans accompagnement) jusqu'aux tambours « parlants » d'Afrique occidentale, qui imitent la voix. Le tambour est particulièrement apprécié au Burundi et dans d'autres parties de l'Afrique orientale. Les tambours utilisés dans de grands orchestres, comme celui-ci, doivent être accordés avec soin, car la mélodie est aussi importante que le rythme.

Les orchestres de tambours sont généralement dirigés par un chef.

On accorde les tambours en faisant varier la tension des peaux au moyen de vis en bois.

Une peau d'animal est tendue sur la section d'un tronc d'arbre évidé.

Crécelle faite de cosses (Zimbabwe)

UN CORPS MUSICAL
Les crécelles de jambe, les bracelets de cheville, les brassards ou les clochettes pour les cuisses sont des accessoires s'adaptant à certaines parties du corps. Ils ajoutent une dimension nouvelle à la danse. Même s'il n'en « joue » pas véritablement, un danseur expérimenté sait les contrôler pour accompagner ses mouvements. Ces « instruments » sont constitués d'objets tels que des cosses, qui font du bruit naturellement, mais on peut aussi les fabriquer avec des matériaux synthétiques.

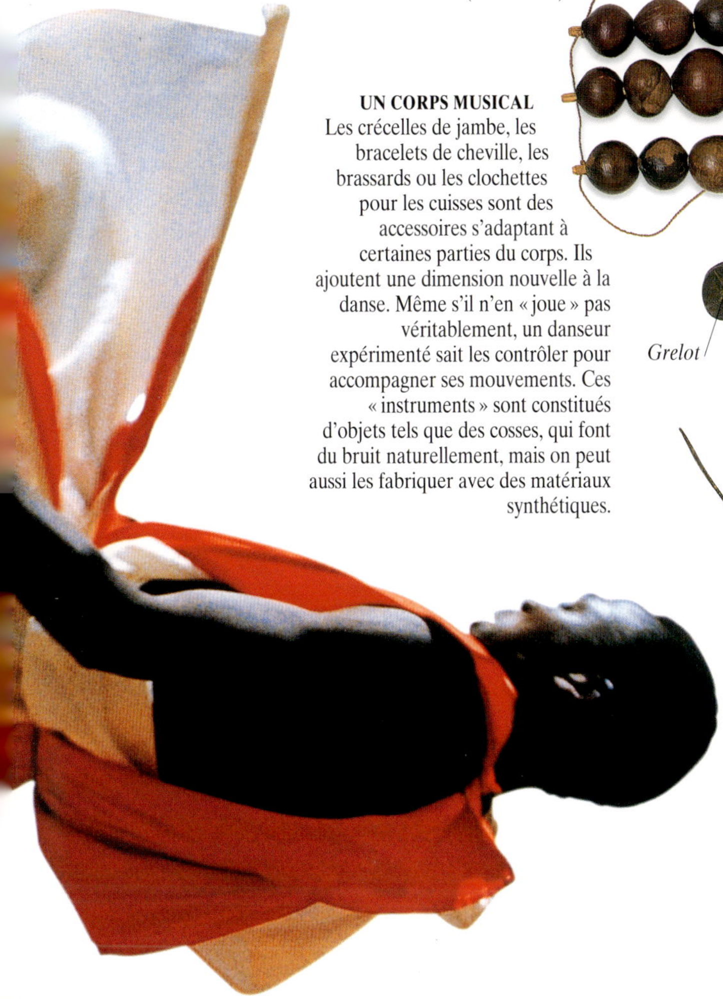

Clochettes de cuisse nandi (Kenya)

Bracelet de cheville achanti en métal (Ghana)

Bagues de cuivre munies de grelots (Inde)

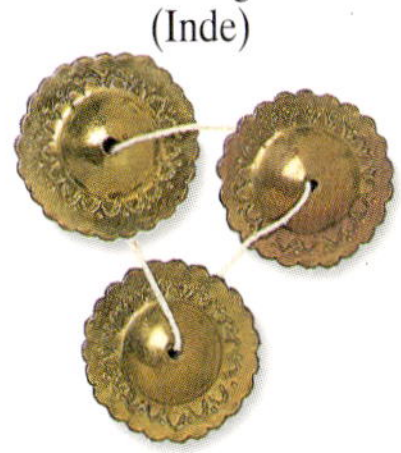

Cymbales berbères pour les doigts (Maroc)

INSTRUMENTS POUR LES DOIGTS
Dans de nombreuses parties du monde, les danseurs s'accompagnent de petits instruments qu'ils tiennent entre leurs doigts : bagues à clochettes, castagnettes ou encore cymbales.

Crécelle en bambou

FÊTE AFRICAINE
Dans de nombreuses cultures africaines, la collectivité réserve à la danse et à son accompagnement musical un espace plat et dégagé. Le son des tambours, très employés, peut être accompagné de chants, de battements de mains, ou de tapes données sur le corps. Les musiciens peuvent effectuer, comme ici, des sauts extraordinaires.

Joueurs de tambour ningas (Burundi)

LE SENS DU RYTHME

Chacun éprouve des sensations quand il se meut dans l'espace. Les danseurs en sont très conscients, comme de l'effet qu'ils produisent sur les spectateurs par leurs mouvements. Quand ils accomplissent un geste, ils anticipent mentalement le suivant ; ils ajustent leurs mouvements de manière subtile pour aborder le pas qui suit, préparant ainsi le spectateur à une nouvelle image. Ceux qui dansent se servent du rythme pour établir ce genre d'échange avec un public. Le rythme est un système de durées fait également de silences et de pauses. Un danseur ne saurait ignorer les lois du rythme, ni se mouvoir sans en avoir le sens, mais il peut l'interpréter à sa manière. Qu'il danse avec ardeur le flamenco ou qu'il observe les mouvements lents et contrôlés du théâtre nô, un bon danseur sera toujours capable de suivre son propre tempo à partir d'un schéma rythmique initial.

LES TIWIS D'AUSTRALIE
Pour les Tiwis, aborigènes vivant sur les îles de Melville et de Bathurst, la danse se définit par des mouvements et un rythme nets. Chaque changement de pas doit être rigoureusement en mesure. Leur répertoire chorégraphique comprend aussi des gestes qui s'effectuent sans suivre le rythme et servent à illustrer les paroles d'une chanson d'accompagnement.

Somptueux costumes de brocarts d'or et d'argent.

Les masques du nô sont de véritables œuvres d'art.

Le nô repose sur le symbolisme, souvent donné par des accessoires.

LES DANSEURS DE NÔ
Le nô, art dramatique traditionnel du Japon, de caractère religieux, mêle au théâtre le chant et la danse. Les gestes, la respiration et la musique obéissent à la notion complexe du *Jo-ha-kyu*, qui définit les relations rythmiques entre deux forces opposées. Le nô est extrêmement lent, et les spectacles très longs. On l'a comparé à l'observation d'une fleur qui change de manière imperceptible, pour finalement perdre ses pétales.

Les danseurs de kathak se produisent parfois en couple.

LE KATHAK
Dans la musique indienne, le rythme s'exprime par le biais du tal, un système de rythmes qui donne sa structure à la danse. Les adeptes du kathak, une danse énergique, originaire de l'Inde du Nord, sont des maîtres dans l'art d'improviser des pas complexes, tandis que leurs bras se meuvent avec grâce. Les danseurs entretiennent avec les musiciens un « dialogue », qui évolue à mesure que se déroule la représentation. Chaque danseur s'exprime à son rythme sur la musique mais, à des moments précis de l'accompagnement musical, tous les danseurs synchronisent leur tempo respectif.

The Four Temperaments (1946)

« THE FOUR TEMPERAMENTS »
Un jour, en écoutant de la musique, George Balanchine (1904-1983) eut envie « d'essayer de rendre visibles non seulement le rythme, la mélodie et l'harmonie, mais aussi les timbres des instruments ». En 1946, il monta un ballet sur *The Four Temperaments*, une pièce musicale de Paul Hindemith. Le chorégraphe a tenté de représenter, par le biais de la danse pure, les pensées musicales du compositeur.

Scène extraite de *Choerartium* (1933)

LE BALLET SYMPHONIQUE
Dans les années 1930, le chorégraphe américain d'origine russe Léonide Massine créa un certain nombre de ballets sur des symphonies. *Choerartium*, écrit sur *La Quatrième Symphonie* de Brahms, constitua son deuxième essai dans ce registre. Avant lui, d'autres chorégraphes avaient monté des ballets sur des symphonies, mais il s'agissait de productions isolées. Le travail de Massine fit naître des débats houleux, certains estimant que danser sur une symphonie dévalorisait l'œuvre musicale.

Un éventail met en valeur les mouvements élégants du bras et de la main des danseuses de flamenco.

LE FLAMENCO
Les origines de cette danse ardente sont obscures. Certains disent que le flamenco est né en Andalousie ; d'autres pensent qu'il est arrivé dans cette province du sud de l'Espagne par l'intermédiaire des Tziganes, qui venaient, *via* l'Egypte, d'Inde et du Pakistan, et que les racines de cette danse espagnole se trouvent dans le kathak. En effet, comme dans ce dernier, les pas du flamenco suivent des rythmes complexes et jouent le même rôle qu'un instrument à percussion. L'improvisation a sa place dans ces deux danses et, dans l'une comme dans l'autre, le dialogue des danseurs avec les musiciens joue un rôle capital.

Jouer de son costume fait partie de la danse.

Ces chaussures de danse ont des semelles cloutées.

Les castagnettes n'entrent pas dans la tradition du flamenco, mais dans celle de danses folkloriques du sud de l'Espagne.

Les guitaristes tapent parfois sur la caisse de leur instrument, qui rend alors un son de percussion.

LE FLAMENCO ET SON ACCOMPAGNEMENT
Les trois composantes principales du flamenco sont le chant (*cante*), la danse (*baile*) et la guitare (*guitarra*). A l'origine, les spectacles se composaient uniquement de chant et de danse, avec quelques claquements de mains (*toque de palmas*). La guitare fit son apparition ultérieurement, d'abord comme simple accompagnement, puis comme instrument solo propre à cette danse.

LA THÉMATIQUE ET LE MESSAGE

La danse ne suit pas toujours le fil d'une narration ; elle sert aussi à rassembler les gens, en renforçant leurs croyances communes concernant leur place dans l'Univers et leurs liens avec l'au-delà. Des danses, comme la danse des Esprits chez les Indiens des plaines d'Amérique du Nord, ont pour effet de canaliser les frustrations et d'apporter de l'espoir. D'autres, tel le haka, en Nouvelle-Zélande, sont des danses guerrières précédant généralement l'attaque des ennemis. En Afrique, certaines danses communautaires enseignent aux jeunes les valeurs de la société en leur indiquant le chemin qu'ils ont à suivre. A l'opposé, se trouvent, par exemple, les ballets modernes contre les guerres, qui critiquent certaines valeurs actuelles de la société occidentale.

Cet bâton sculpté reproduit le visage d'un Esprit.

Bâton de la danse des Esprits arapahos

LA DANSE DES ESPRITS
A la fin du XIXe siècle, les Indiens des Grandes Plaines d'Amérique, réduits à la pauvreté et soumis à l'oppression des Blancs, cherchaient l'espoir dans la danse des Esprits. Tenant des bâtons sculptées, ils dansaient pour supplier les Esprits de restaurer leur mode de vie traditionnel et de faire revenir le bison. Cette danse fut interdite par les autorités blanches.

LA DANSE DU BISON
La danse du bison, représentée ici dans une peinture du XIXe siècle, était porteuse d'un message de respect pour les animaux qui seraient tués pendant la chasse. C'est ainsi que les Blackfeet promettaient au bison que la vie qu'on allait lui ôter sur cette terre lui serait rendue dans le monde suivant. Pour ces Indiens, cette danse rituelle sacrée avait vraiment le pouvoir d'accomplir ce miracle.

Les danseurs sont coiffés d'une tête de bison.

Les participants entrent dans un état de transe.

DANSER CONTRE LA GUERRE
Avec son ballet *La Table verte* (1932), qui figurait les malheurs de la guerre, Kurt Joos dénonça le fascisme, cette dangereuse doctrine politique qui se répandait alors en Europe. Le ballet évoque la duplicité de certains diplomates et affirme qu'ils doivent se sentir responsables de toutes les victimes de la guerre.

Masque pour un danseur

Kurt Jooss

Le haka s'accompagne de cris et de gestes guerriers.

Les armes traditionnelles sont en bois.

DANSE GUERRIÈRE
Un peu partout dans le monde, il a existé des danses guerrières. Cette pratique rituelle visait à rendre vaillants ceux qui allaient se battre au corps à corps et à consolider l'unité des soldats. C'est ainsi que les Maoris, en Nouvelle-Zélande, dansaient le haka avant la bataille, et ensuite s'ils gagnaient. Aujourd'hui encore, les joueurs de l'équipe de rugby néo-zélandaise, les *All blacks*, exécutent cette danse sur le terrain avant le début des matches.

LA GRANDE CHAÎNE DU DOMBA
Chez les Vendas, en Afrique du Sud, les jeunes filles se préparent au mariage et à la vie adulte en apprenant les milayos (des règles présentées sous formes de poèmes et d'énigmes) et en dansant le domba. La chaîne serrée qu'elles forment alors exige une coordination et une cohésion parfaites.

MOISSONS ET RÉCOLTES
Partout à travers le monde, on danse lors de fêtes des moissons destinées à célébrer la fin d'une année fructueuse. Ce rituel est censé favoriser la régénération de la terre en vue des récoltes de l'année suivante. Ces danses servent également à renforcer l'unité sociale et la solidarité d'une communauté face aux dangers et aux caprices de la nature.

Bracelets à grelots pour fixer au cheville

Le bleu et le jaune sont les couleurs de Letchworth, une ville du cœur de l'Angleterre.

Ces fleurs symbolisent le printemps et la renaissance.

COSTUME DE MORRIS
La cohésion d'un groupe de danseurs est renforcée par l'unité de leur costume. Les danseurs morris, par exemple, portent tous une chemise blanche, un chapeau de paille orné de fleurs ou d'un ruban et de larges paires de bretelles appelées *baldricks*. Le costume traditionnel se complète parfois de grelots, qui, fixés autour de la cheville, tintent au rythme de la danse.

LA DANSE MORRIS
Traditionnellement exécutée lors des fêtes locales dans les South Midlands, la danse morris est présente de nos jours dans toute l'Angleterre. Elle était jadis réservée aux hommes, mais aujourd'hui elle est pratiquée par des amateurs des deux sexes, souvent dans le cadre de compétitions durant lesquelles se disputent trois épreuves : procession, gigue et danse de groupe. L'aspect délibérément exubérant de la danse par équipe renforce la solidarité entre les participants, surtout durant une compétition.

Bâtons ou mouchoirs sont aussi utilisés.

Baldricks

Couleurs du groupe

QUAND LA DANSE RACONTE

La danse relate des histoires de bien des manières. Cela peut être par le mime, les expressions du visage ou par des mouvements ayant une signification spécifique. Dans le sud de l'Inde, par exemple, le kathakali est un spectacle de danses qui relate de grandes épopées, où les danseurs utilisent un code gestuel traduisant le texte récité alors par un chanteur. La danse fait souvent référence à des histoires très connues. En Europe, tout le monde connaît *La Belle au bois dormant*, tout comme en Inde, les gens ont déjà entendu bien des fois les aventures de l'espiègle dieu Krishna avec les vachères et son amour pour la belle Rhada. Le public aime voir sur scène la représentation de récits populaires, parce que la danse est capable d'exprimer les sentiments les plus profonds, tels que l'amour, la trahison et le désespoir.

UNE MARIONNETTE BIRMANE
Dans le Sud-Est de l'Asie, existe une tradition de théâtre de marionnettes racontant des histoires populaires. On utilise soit des marionnettes à fils comme celle-ci, soit des marionnettes-silhouettes pour le théâtre d'ombres en Indonésie.

L'oiseau de feu est vêtu de rouge.

Ce mouvement exprime l'affrontement : le prince oblige l'oiseau à l'aider.

LE COMBAT ENTRE LE BIEN ET LE MAL
Les ballets retracent souvent la victoire de l'amour sur la méchanceté. Dans *L'oiseau de feu* (1910), un oiseau magique aide le prince Ivan à sauver une belle princesse et à débarrasser le monde d'un magicien maléfique nommé Kostchei.

Le prince Albrecht courtise Giselle.

Giselle arrache les pétales d'une marguerite.

L'HISTOIRE DE GISELLE
Ce ballet de 1841 conte l'histoire d'une simple villageoise aveuglée par l'attention que lui porte Albrecht, un prince déguisé en paysan. Quand Giselle découvre qu'Albrecht lui a menti et qu'il est déjà fiancé, elle se suicide avec l'épée du jeune homme et rejoint les Wilis, les esprits des jeunes filles trahies par l'amour. Dans l'acte I, certains gestes de Giselle, par exemple quand elle s'amuse à effeuiller une marguerite, servent à montrer son innocence.

Ce geste, qui symbolise le joueur de flûte, représente le dieu Krishna.

BHARATANATYA
La danse indienne traditionnelle, dite bharatanatya, mélange deux sortes de mouvements très différents mais complémentaires : la danse expressive, qui interprète la poésie classique par le mime, et la danse abstraite, faite d'improvisations rythmiques. Les mouvements des mains et les expressions stylisées du visage (abhinaya) sont des éléments très importants.

Tête de lion

Poisson

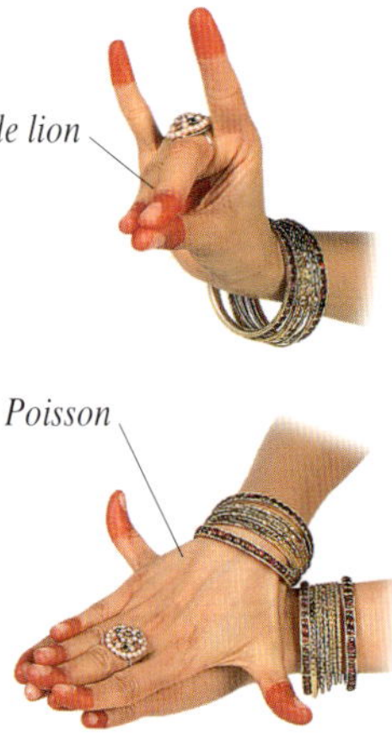

DES MAINS ÉLOQUENTES
Les mouvements des mains du bharatanatya sont appelés hastas ou mudras. Certains de ces gestes sont iconiques, c'est-à-dire qu'ils ressemblent à ce qu'ils représentent. D'autres, qualifiés de symboliques, sont abstraits.

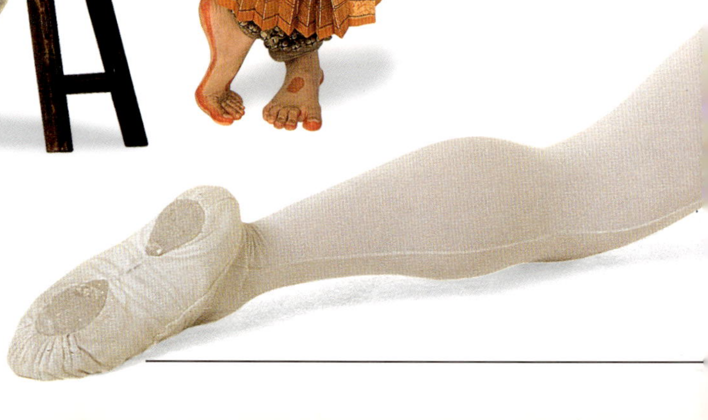

LA DANSE ET L'EXPRESSION DES SENTIMENTS
Comme son nom l'indique, un pas de deux, dans le ballet classique, est une chorégraphie pour deux danseurs, généralement un homme et une femme. Il dépeint une relation – souvent une vision magnifiée de l'amour romantique – depuis sa naissance jusqu'au bonheur de son accomplissement. Un pas de deux peut être intime, extravagant ou débordant de passion. Entre les passages de danse à deux, chacun des danseurs exécutent traditionnellement un solo, appelé variation, dans lequel il ou elle exprime son individualité.

L'arabesque penchée est une des plus belles expressions de l'amour romantique.

Le costume contribue à la force du récit.

Le danseur regarde tout le temps la ballerine.

Exécuter un porté nécessite beaucoup de force dans les jambes.

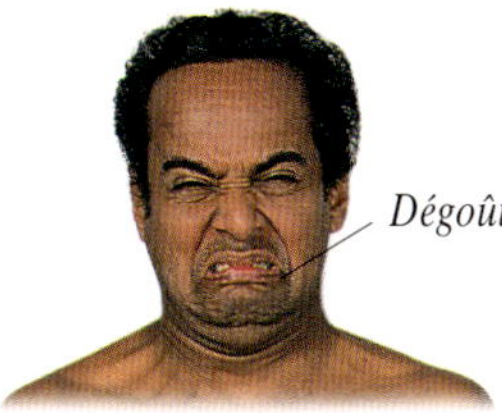

Dégoût

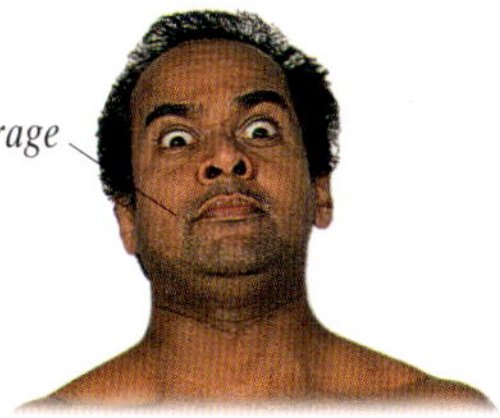

Courage

KATHAKALI
Les interprètes de cette danse indienne maîtrisent parfaitement les muscles de leur visage, ainsi que ceux des yeux et des paupières. Ils utilisent tout un éventail d'expressions stylisées, et le public n'a aucun mal à reconnaître les sentiments comme le courage, le dégoût, l'amour, la colère, la compassion, la dérision, l'étonnement ou la peur.

Dès l'enfance, les danseuses s'entraînent à muscler leurs poignets, sans nuire à leur souplesse.

L'expression de la sérénité fait partie de la chorégraphie.

Les doigts, les paumes et les poignets participent à la danse.

NYMPHE CÉLESTE
En Thaïlande comme en Inde, les danseurs évoquent les héros du *Ramayana*, un long poème épique très ancien. Toutefois, contrairement aux conventions des hastas indiens, les gestes des mains des interprètes thaïlandais ne racontent pas l'histoire littéralement, mais servent à ajouter beauté et grâce à la chorégraphie.

LA BEAUTÉ ET LA FORCE

Tout le monde apprécie les beaux objets, la musique et la danse. Néanmoins, ce qui paraît beau ou gracieux dans un pays sera peut-être laid ou déplacé ailleurs. Par exemple, un Indonésien serait choqué de voir une danseuse tendre les jambes car, dans la danse qu'il connaît traditionnellement, les femmes ne montrent jamais leurs jambes ainsi. Chaque pays a ses propres règles différenciant le « bon » du « mauvais » goût, et les membres d'une même communauté partagent ces valeurs. Mais il arrive qu'un artiste les modifie ou les ignore afin d'introduire des idées nouvelles et de franchir des barrières pour créer un nouveau genre.

LA GRÂCE DE LA DANSEUSE DE COUR JAVANAISE
A la cour du sultan, sur l'île de Java, en Indonésie, il existe une forme de danse appelée bedoyo, exécutée seulement par des femmes. La danseuse de cour javanaise doit donner l'impression de se mouvoir sans effort, en douceur. Ses mouvements gracieux, fluides, sont censés représenter le raffinement spirituel et la sagesse de la royauté.

Sampot ourlé d'or

Des angles doux et des mouvements lents confèrent sérénité et élégance à cette danse.

Dans la danse indonésienne, les jambes restent cachées.

Les pieds restent près l'un de l'autre, en contact avec le sol.

SEMBLABLE À L'EAU QUI COULE
A Java, les danseuses incarnent les qualités idéales que sont la beauté, la bienséance et l'épanouissement spirituel. Dans la danse comme dans la vie, la coutume javanaise veut que les mouvements de la femme soient doux, réservés et maîtrisés, semblables à l'eau qui coule. Le mouvement de l'eau se retrouve d'ailleurs dans la chorégraphie ; les gestes remplissent constamment l'espace, comme l'eau emplirait un récipient. Cette danseuse agite délicatement son sampot pour souligner la grâce de ses mouvements.

LES RWANDAIS DU ROI
Les danseurs tutsis du Rwanda reconstituent d'anciens faits héroïques. Ci-dessus, on les voit commémorer la défense courageuse du royaume contre des voleurs de bétail. Les danseurs s'efforcent de représenter la force et la noblesse du guerrier idéal. Ils symbolisent l'autorité du souverain et sont accompagnés par les tambours royaux.

Parure pour les cheveux

Ornement d'oreille

Bracelet

PARURE
Les danseuses javanaises portent des bijoux et des accessoires raffinés, parmi lesquels des pendants d'oreilles en peau de buffle dorés ! Par ailleurs, leurs danses comportent des gestes stylisés qui consistent à jouer avec des boucles d'oreilles ou à ajuster un diadème.

Le danseur cosaque voit son prestige grandir à mesure qu'il saute plus haut.

COSAQUES BONDISSANTS
Dans de nombreuses communautés, les grands sauts acrobatiques sont le fait des hommes. Par exemple, les cosaques, cavaliers de l'armée russe, pratiquent une danse énergique qui leur permet de mettre en valeur leur agilité, leur force et leur adresse. Les cosaques aiment rivaliser d'acrobaties.

LA FORCE DU DANSEUR JAVANAIS
Contrairement aux danseuses, dont les pieds quittent rarement le sol, les danseurs javanais – qui incarnent souvent des guerriers – exécutent des mouvements d'une grande amplitude. De plus, tandis que les yeux des danseuses restent généralement baissés regardant à une distance comprise entre deux et cinq pas, le danseur, lui, porte son regard droit devant lui, à une distance égale à trois fois sa taille.

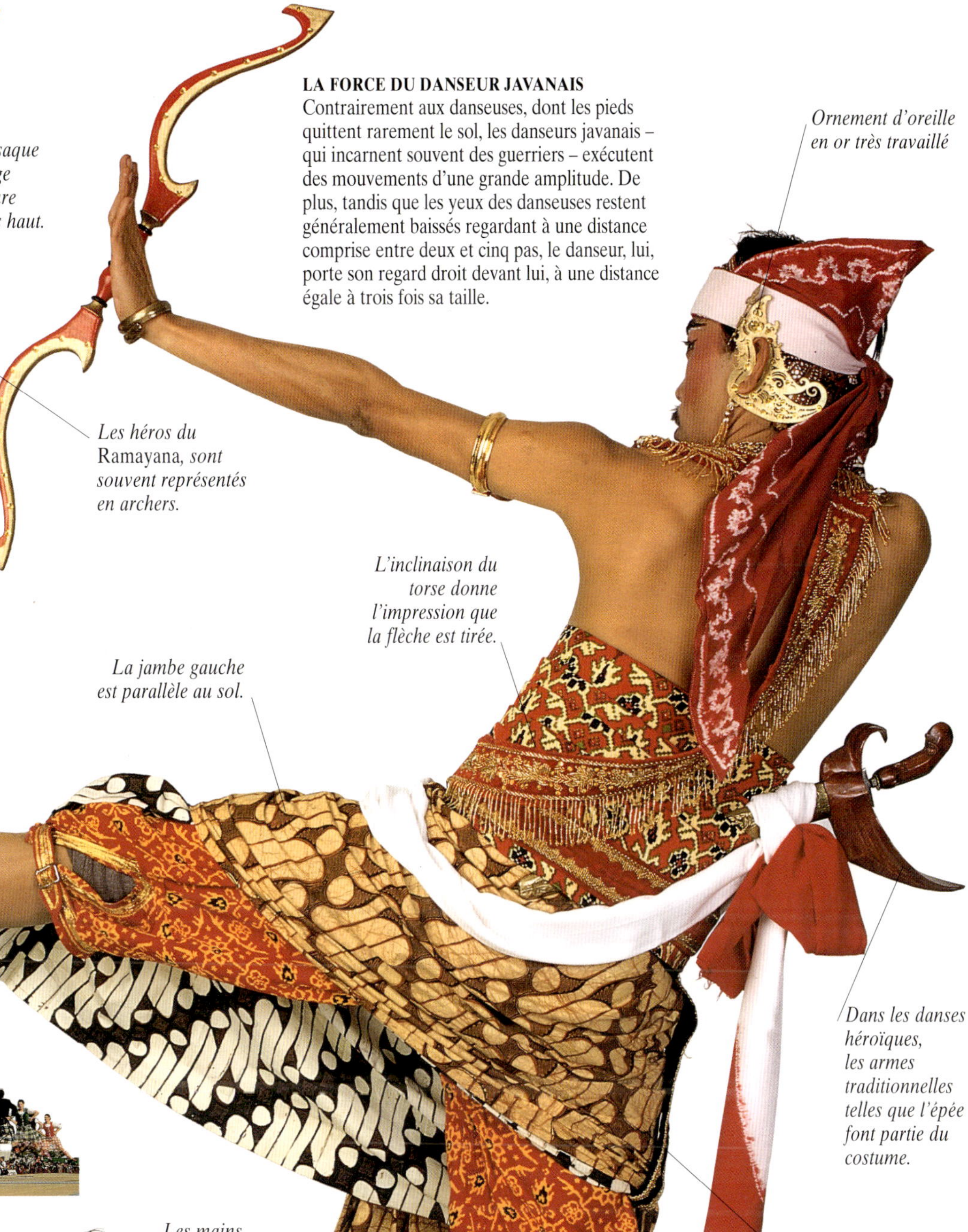

Ornement d'oreille en or très travaillé

Les héros du Ramayana, *sont souvent représentés en archers.*

L'inclinaison du torse donne l'impression que la flèche est tirée.

La jambe gauche est parallèle au sol.

Dans les danses héroïques, les armes traditionnelles telles que l'épée font partie du costume.

Le marron est une des couleurs dominantes des costumes javanais.

A la différence des danseuses, les danseurs peuvent écarter les jambes.

La jambe supportant le poids du corps reste tendue.

Le pied doit être tourné vers l'extérieur.

LES BONDS DES HIGHLANDS
Certaines danses sont plutôt « terrestres », alors que d'autres semblent aériennes par des grands sauts qui semblent défier la gravité. La danse des Highlands, en Ecosse, demande une bonne détente pour sauter haut et de la rapidité pour les mouvements des pieds. Ceux-ci contrastent fortement avec la raideur du buste des danseurs.

Les mains jointes sont un signe de déférence.

Les bras forment des angles saillants.

L'INCARNATION D'UN GUERRIER
Ce danseur javanais obtient une pose majestueuse et martiale en redressant son corps, en formant des angles droits avec ses coudes et ses poignets, tout en créant un angle encore plus ouvert avec son genou. Contrairement au danseur de ballet occidental, le danseur javanais dresse ses orteils.

DES CHAUSSURES POUR DANSER

La manière dont les danseurs utilisent leurs pieds détermine tel ou tel style de danse. En effet, si les pieds, au lieu d'être nus, sont enfermés dans des chaussures spéciales, ils conduisent le danseur à adopter certaines positions de départ et certains mouvements. L'invention des chaussons de ballet montre bien comment une chaussure et un style de danse s'influencent. Avant 1810, les ballerines portaient des chaussures légères et gardaient la plante des pieds en contact avec le sol. A cette date, apparut la danse sur pointes, car le public voulait que les danseuses paraissent aussi légères que l'air. Pour ce faire, elles utilisent des chaussons à bout renforcé.

SUR LA POINTE DES PIEDS
La danse sur les pointes caractérise le ballet classique depuis les années 1810.

BOTTINES DE TANGO (VERS 1910)
Quand la folie du tango atteignit l'Europe, au début du XXe siècle, les danseuses adoptèrent des bottines aux flamboyantes couleurs tango.

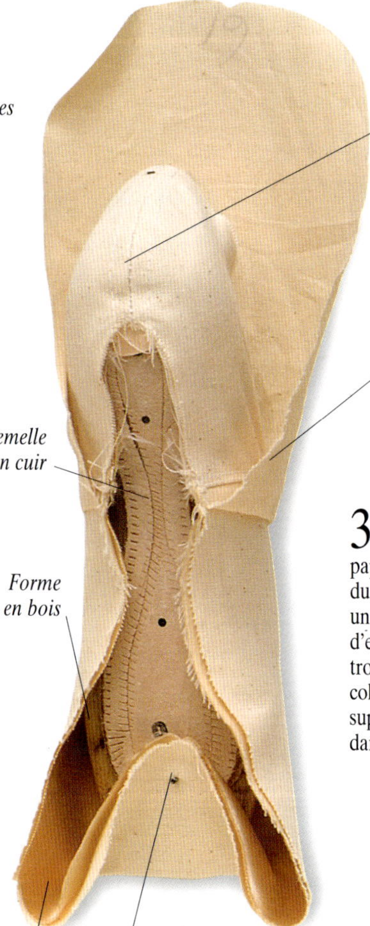

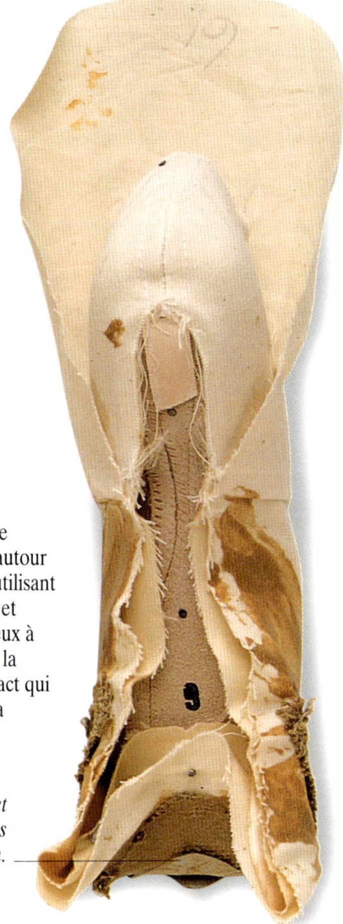

LA FABRICATION D'UN CHAUSSON DE DANSE

1 Lors d'un ballet classique, les danseuses portent communément des chaussons à pointes, ou pointes. On les appelle ainsi car leur bout est dur ; il est fait de toile de jute et de papier et permet d'évoluer sur la pointe des pieds. Malgré l'apparente fragilité de l'empeigne en satin, ces chaussons sont rigides. L'artisan chausseur qui les fabrique commence son travail en cousant le satin avec plusieurs épaisseurs de toile pour faire l'empeigne (ci-dessus).

2 L'artisan cloue une semelle en cuir sur une forme de pied en bois. Ensuite, il retourne l'empeigne comme un gant et l'enfile sur cette forme, et retrousse une épaisseur de toile de l'empeigne. Il cloue alors l'empeigne sur la forme à travers la semelle de cuir.

3 L'artisan fixe plusieurs épaisseurs de carton, de papier et de toile de jute autour du bout du chausson, en utilisant une colle à base de farine et d'eau. Le séchage dure deux à trois heures, le temps que la colle forme un bloc compact qui supportera les orteils de la danseuse.

Les bracelets de cheville accompagnent le danseur quand il tape du pied.

Les motifs dessinés au henné soulignent la courbe du pied.

LES PIEDS PEINTS
Dans le bharatanatya (p. 20), les interprètes peignent leurs pieds au lieu de porter des chaussures. Les dessins rappellent les motifs peints sur leurs mains.

Chaussures à semelles compensées ornées de strass

SEMELLES COMPENSÉES
Les acteurs de kabuki, au Japon, ou d'opéra chinois, portent des chaussures aux semelles particulièrement épaisses. Les chaussures de ce type étaient particulièrement à la mode en Europe dans les années 1970.

Danseur sur échasses (Côte-d'Ivoire)

DANSEURS SUR ÉCHASSES
Dans certaines contrées d'Afrique du Sud et de l'Ouest, des danseurs évoluent perchés sur des échasses hautes de deux mètres. Dans ces conditions, croiser les jambes, sauter ou effectuer des pirouettes n'est pas facile, mais la difficulté fait partie du jeu. La recherche du bon équilibre symbolise la sagesse de l'humanité.

Talon

La semelle est cousue avec l'empeigne.

L'épaisseur de toile retroussée est rabattue pour masquer la pointe.

Fil paraffiné

La toile est cousue en plis serrés autour de la pointe.

Dessous du chausson

Marque du chausseur

Semelle intérieure en cuir

Lacet

Les danseuses assouplissent les chaussons neufs pour les faire à leurs pieds ; certaines les assouplissent en les coinçant dans une porte !

Les rubans de satin mesurent généralement 2,5 cm de large et 50 cm de long.

4 Quand la colle est sèche, l'épaisseur de toile retroussée est rabattue et plissée autour du bout du chausson à l'aide de petites pinces. L'artisan coud ensuite avec du fil paraffiné la semelle en cuir rigide à l'empeigne. Il peut alors ôter le chausson de la forme en bois et le mettre à l'endroit. Après quoi, il glisse une semelle en cuir à l'intérieur, avant de remettre le chausson sur la forme.

5 L'artisan façonne le chausson à l'aide d'un petit marteau arrondi. Ce même outil sert à aplatir la pointe. Finalement, les chaussons sont placés dans un four chaud pour durcir, pendant douze ou quinze heures.

6 Traditionnellement, les danseuses cousent elles-mêmes les rubans sur leurs chaussons, et souvent elles brodent le dessus pour empêcher le tissu de s'user trop vite. Les pointes ont une vie extrêmement courtes ; les danseuses d'une compagnie de ballet en usent en moyenne douze paires par mois !

LE MAQUILLAGE, SIGNIFICATION ET RITUEL

Les acteurs se fardent pour rendre leur visage plus expressif. Ils utilisent des ocres, du charbon de bois, des produits synthétiques ou des peintures minérales. Le maquillage peut rendre plus beau, transformer un être humain en héros, en démon ou en animal, ou bien faire office de masque, dissimulant l'identité d'un danseur aux spectateurs. En Inde, les danseurs de kathakali se griment pour prendre l'apparence d'êtres mythiques. En Afrique, les hommes woodabe se maquillent afin d'exprimer leur beauté intérieure.

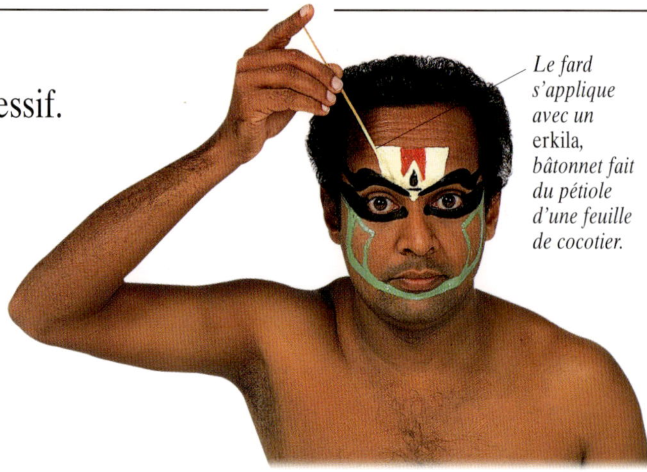

Le fard s'applique avec un erkila, *bâtonnet fait du pétiole d'une feuille de cocotier.*

1 SE MAQUILLER POUR LE KATHAKALI
Les acteurs de ce théâtre dansé sacré du sud de l'Inde, s'appliquent plusieurs couches de maquillage. Les motifs colorés et compliqués, qui peuvent nécessiter quatre heures de travail, sont les mêmes depuis des siècles.

« NATURE MORTE AU PENGUIN CAFÉ »
C'est le titre d'un ballet contemporain dont les costumes et le maquillage extravagants ont pour rôle de renforcer son message écologique sur les espèces menacées.

Les sourcils, facteur essentiel de la beauté, sont fortement soulignés.

Une princesse a le visage blanc, rouge et nuancé de rose.

L'OPÉRA CHINOIS
Dans l'opéra chinois, le maquillage sert à définir le personnage et à masquer le visage de l'acteur. Jusqu'au début du XXe siècle, les hommes incarnaient tous les rôles, y compris celui des belles princesses !

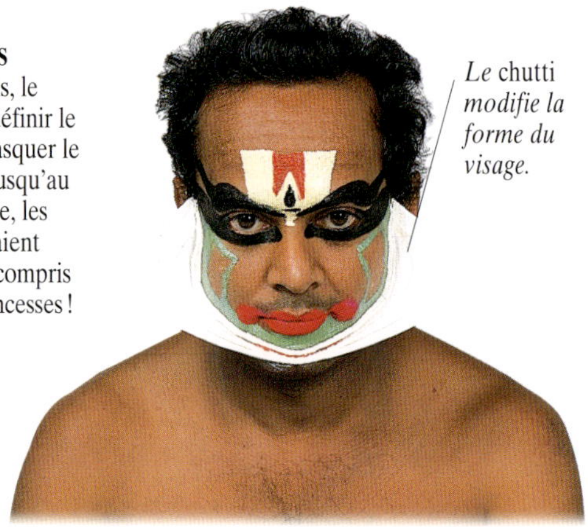

Le chutti *modifie la forme du visage.*

2 POSER LE « CHUTTI »
Le *chutti* est un des aspects les plus marquants du maquillage du kathakali ; c'est un cadre blanc qui attire l'attention du spectateur sur le visage de l'artiste. Celui-ci fabrique son *chutti* avec du papier découpé, qu'il glisse ensuite entre plusieurs couches de pâte de riz. Toute cette opération demande environ une heure.

Les danseurs se couvrent le visage de poudre jaune.

CONCOURS DE BEAUTÉ MASCULINE
Chez les woodabe au Niger (Afrique occidentale), des compétitions de danse sont organisées au terme desquelles les femmes désignent l'homme le plus séduisant. Chaque participant se farde pour mettre en valeur ses yeux, son long nez fin et ses dents blanches, et enchaîne les expressions devant révéler sa beauté intérieure.

DANS LES LOGES
Dans les loges d'une salle de spectacle, les danseurs et les danseuses se préparent. Ils les partagent en fonction de leur rang : plus le danseur est important, plus sa loge est grande. Ainsi, le corps de ballet partage le même espace, tandis que les interprètes principaux ont chacun leur propre loge et leur maquilleur.

La graine dite chundapoo *est lavée, fendue et introduite sous les paupières pour donner des yeux qui sont comme injectés de sang.*

3 SE FAIRE LES YEUX ROUGES
Le danseur finit de se maquiller quand le *chutti* est sec. Il fend alors une graine appelée *chundapoo*, qu'il introduit sous ses paupières. La graine colore en rouge le blanc de l'œil et rend ainsi le regard très expressif, ce qui est un aspect très important d'un spectacle de kathakali.

Le lourd kiritam *(coiffe) est fait en bois incrusté de fausses pierres précieuses.*

Le danseur kathakali prie avant de mettre le kiritam.

Le kiritam *est généralement peint en rouge, en vert, en blanc et en doré.*

Les sourcils et les yeux sont soulignés par du maquillage noir.

UN SPECTACLE DE KATHAKALI

Le kathakali relate des aventures extraites des deux plus célèbres poèmes épiques de l'Inde, le *Mahabharata* et le *Ramayana*. Traitant du combat éternel entre le bien et le mal, le kathakali, très spectaculaire, comporte le plus souvent un combat farouche débouchant sur l'anéantissement d'un démon. Les ornements, les mouvements et surtout les costumes soulignent le caractère sacré des personnages. Les héros aux cœurs nobles ont le visage vert, tandis que les traîtres et les conspirateurs se reconnaissent à leur visage rouge foncé ou noir.

Pâte de riz dans un récipient en noix de coco

Colle gomme

Erkila

Bâtonnet à colle

Papier destiné à faire un chutti

Peintures

COULEURS ET INSTRUMENTS

Ces pierres broyées et mélangées à de l'huile de coco donnent le maquillage éclatant des danseurs de kathakali. De la colle gomme et de la pâte de riz permettent de fixer le *chutti* sur le visage de l'interprète.

LE RÊVE ABORIGÈNE

En Australie, des danseurs aborigènes tracent sur leur corps des motifs géométriques au moyen d'ocres et de plumes. Ces dessins, comme le fard, ont un rôle religieux, car ils relient les danseurs aux esprits des ancêtres et au « moment du rêve », c'est-à-dire à l'instant de la Création.

LES COSTUMES DE DANSE

Les costumes rehaussent un spectacle de bien des façons. Par exemple, dans les cultures où l'on danse sans décor, les habits de scène aident le spectateur à situer l'action. Il est très courant que les costumes correspondent à des codes bien précis. C'est ainsi que l'importance d'une coiffure ou la longueur d'une manche donnent des renseignements sur tel ou tel personnage. Le vêtement peut être magnifique, mais l'effet qu'il produit est souvent renforcé par le maquillage, la musique et les gestes. L'ensemble permet au public de distinguer immédiatement le bon du méchant, le héros loyal du traître, l'homme admirable de l'individu méprisable. Par ailleurs, un costume sert à masquer, à envelopper, à entraver ou, au contraire, à souligner le corps et les mouvements du danseur.

Kimono du théâtre nô (Japon)

Les guerriers et les guerrières portent souvent de longues plumes de faisan dans leurs coiffures.

Les mouvements gracieux des plumes de faisan font partie des gestes de l'interprète.

L'OPÉRA CHINOIS
Dans l'opéra chinois, les guerriers (*wusheng*) sont des personnages très importants qui captivent l'attention par leurs acrobaties. Les costumes qu'ils portent, comme ceux des guerrières (*wundan*), permettent une grande amplitude de mouvement. Les larges pantalons autorisent des coups de pied aériens très spectaculaires.

Les collants opaques mettent en valeur le galbe de la jambe.

LE JUSTAUCORPS
Les chorégraphes contemporains s'intéressent particulièrement au pouvoir expressif des mouvements, dont le justaucorps, costume omniprésent dans *Malraux*, ballet du Français Maurice Béjart, permet au spectateur de ne rien perdre de la chorégraphie.

Tissu transparent moderne

LE COSTUME HISTORIQUE
Un costume peut évoquer une époque ancienne sans pour autant être une réplique parfaite. Dans *Gorgeous Creatures*, de Yolande Snaith, le personnage principal est Elisabeth Ire d'Angleterre. Sa robe semble bien du XVIe siècle, mais elle est faite d'un tissu moderne qui permet de danser librement.

KIMONO POUR LE NÔ
Le kimono (à gauche) porté dans le théâtre nô modifie les proportions du corps du danseur. La largeur des manches contraste avec la forme pyramidale de l'ensemble et l'étroitesse des poignets du danseur. On le porte maintenu par une large ceinture nouée au-dessus de la taille.

LA MORT DU CYGNE
La Mort du cygne (1905), du Russe Michel Fokine, est restée indissociable de la danseuse Anna Pavlova, tout comme, à l'époque romantique, le nom de Marie Taglioni faisait aussitôt penser à *La Sylphide*. Les dernières paroles de la Pavlova auraient été, dit-on, pour la danse, et elle serait morte en serrant contre elle son costume (à droite).

De vraies plumes de cygne rendent ce costume plus réaliste.

Les motifs colorés sont brodés à la main.

Costume de mascarade nigérian

MASCARADE IBO
Le costume dit de mascarade sert à travestir le danseur. Il est souvent rembourré pour grossir certaines parties du corps. Ce costume, associé à un masque, est porté par les hommes ibos du Nigeria (Afrique occidentale) qui incarnent des jeunes filles lors des fêtes des récoltes.

GLISSANTES GÉORGIENNES
Les danseuses de la république de Géorgie portent de longs costumes qui masquent leurs pieds. C'est pourquoi elles donnent au public l'impression qu'elles glissent sur le sol, un peu comme si elles étaient montées sur roulettes.

Tissu léger et fluide

La taille et l'aspect de la coiffe dépendent du rôle.

La veste rouge symbolise un personnage héroïque, tandis que les démons sont habillés de noir. Le dieu Krishna porte du bleu foncé.

La jupe repose sur plusieurs jupons de coton.

COSTUME DE KATHAKALI
Les danseurs de kathakali portent des costumes surchargés. La veste, dont la couleur dépend du personnage, est ouverte dans le dos pour laisser la peau respirer. L'ample jupe, en tissu imprimé, recouvre plusieurs jupons de coton blanc. Le danseur en fait varier la longueur quand il écarte plus ou moins les genoux et les jambes.

Le poids du corps repose sur le bord extérieur du pied.

P.M.E. LIBRARY
BIBLIOTHEQUE E.P.M.

LA CRÉATION DES COSTUMES

Les costumes peuvent accompagner, ou accentuer, les mouvements de la danse. En Chine, par exemple, les interprètes arborent traditionnellement de longues manches, dont ils font effet pour créer de jolies silhouettes, tandis qu'à Java ou en Espagne, les danseuses agitent diversement leur robe. Certains vêtements ont des origines très anciennes. C'est ainsi qu'en Inde, les costumes des danseurs classiques semblent sortis tout droit des sculptures des temples. Comme ils s'inspirent de la tradition, on ne les redessine guère, mais on y intègre certains aspects pratiques aujourd'hui. Il est plus rapide, en effet, d'utiliser du Velcro pour fermer un vêtement que des boutons ou des agrafes. En Occident, où les chorégraphes actuels innovent constamment, les costumes sont redessinés pour chaque spectacle.

Ces bandes de couleur vive évoquent le lever du soleil.

Court manteau à manches mi-longues

DESSIN DE PICASSO
Dès 1917, Pablo Picasso (1881-1973), un des très grands artistes de notre siècle, travailla avec les Ballets russes à Paris. Il a dessiné des costumes sensationnels dont les premiers, pour le ballet *Parade*, étaient d'inspiration cubiste.

LE MAGICIEN CHINOIS
Le prestidigitateur chinois est un des personnages principaux de *Parade* (1917), un ballet faisant la satire d'artistes du cirque.
Les éblouissantes esquisses de Picasso pour le costume du magicien sont tout à fait dans le ton du spectacle.

Esquisse de costume pour une première ballerine

Les couleurs riches et profondes reflètent la mélancolie de l'histoire.

Echantillons de tissus

1 CONCEVOIR UN COSTUME POUR LE BALLET
Le directeur artistique s'entretient du spectacle avec le costumier. Il lui dira, par exemple, que l'acte III est mélancolique et que les costumes doivent aussi rendre cette atmosphère. Le costumier fait alors ses premières esquisses. Certains ballets doivent respecter des traditions. Ainsi, dans *La Belle au bois dormant*, les premières ballerines portent toujours des tutus. Dans le cas de spectacles plus contemporains, les costumiers ont plus de liberté.

Patrons de papier

2 FABRIQUER UN COSTUME
Le créateur dessine chaque costume du ballet. Après approbation du directeur artistique, il réalise des patrons, modèles de tissu ou de papier d'après lesquels on taille un vêtement. Puis le costume est cousu et il ne reste plus qu'à procéder aux retouches après essayage.

La coiffe, en or tressé, rappelle des détails de la dentelle de la cape.

La lourde cape laisse la danseuse libre d'exécuter des mouvements expressifs avec les bras.

Motifs de feuilles de vigne et de grappes

Des perles synthétiques matérialisent le raisin.

TOUT DANS LE DÉTAIL
Dans les grands ballets, tous les costumes, sans exception, sont fabriqués avec le souci du détail. Par exemple, le chevalier de la Vigne d'Or est un personnage secondaire de *La Belle au bois dormant*, mais son costume, pour le spectacle de 1946, a été brodé avec soin, bien qu'il fût impossible d'en distinguer les détails de la salle !

Une fois ôtée, la cape est suspendue pour devenir une partie du décor.

4 UTILISER UN COSTUME
Quand Eurydice apparaît pour la première fois à Orphée, elle est vêtue d'un lourd costume. Mais il est difficile, pour une danseuse, d'évoluer dans un tel vêtement. Aussi a-t-il été conçu de manière à ce que la femme puisse s'alléger de la cape sitôt passé le choc de la première apparition.

3 VOYAGE AUX ENFERS
Quand le Ballet Adonais décida de monter *Orphée*, des costumes appropriés furent commandés. Le ballet s'inspire du mythe grec d'Orphée, un musicien inconsolable de la mort de sa jeune épouse, Eurydice. Il descendit aux Enfers pour la retrouver. Le costume d'Eurydice suggère bien qu'elle est devenue un esprit au royaume des morts.

5 LA REPRÉSENTATION
La danseuse évolue maintenant en collant et en jupe de mousseline. Le tissu diaphane évoque toujours le monde des esprits, sans entraver l'interprète. En outre, il met en valeur la magnifique arabesque que la danseuse est en train d'effectuer.

DERRIÈRE UN MASQUE

Bien que le visage soit une partie très expressive du corps, nombre de traditions, à travers le monde, font que les interprètes sont masqués. Ainsi dissimulé, le danseur abandonne plus facilement son identité et se concentre davantage sur ses gestes. Porter un masque oblige, à mettre l'accent sur son corps et à le rendre plus expressif dans sa totalité. En outre, un masque symbolise souvent un personnage, que ce soit un esprit, un dieu, un ancêtre voire un animal vénéré à cause de ses qualités remarquables. Autrement dit, pour un danseur, se masquer permet de se couler dans les attributs de quelqu'un d'autre ou d'une chose.

LE PETIT VIEILLARD MEXICAIN
Les figures clownesques ne manquent pas dans diverses traditions. Dans l'Etat de Michoacan, au Mexique, des masques de bois peints en rose représentent le Viejito, le Petit Vieillard, un grand-père qui gambade de manière comique.

DANSE GUERRIÈRE CHEZ LES PAPOUS
En Nouvelle-Guinée, les hommes qui exécutent une danse de la guerre portent des masques effrayants, brandissent des armes et se couvrent le corps de boue. Leur danse représente la lutte éternelle entre le bien et le mal, entre la lumière et les ténèbres.

Ces têtes de mort sculptées ajoutent à l'aspect dramatique de la danse.

Cette partie du masque est dorée à la feuille.

Le papier mâché est d'abord moulé, puis peint.

LES MONTAGNES TIBÉTAINES
Dans l'Himalaya, on porte pour danser des masques en bois peints de couleurs vives (à gauche). Les danseurs, qui évoluent à un rythme très lent, au son grave des tambours, se produisent à l'occasion des fêtes ou dans les moments d'infortune. Des masques comme celui-ci représentent les esprits de leurs dieux des montagnes.

Motifs géométriques peints de couleurs crues

LES DAYAKS DE SARAWAK
Les Dayaks, le plus grand groupe indigène de Sarawak, sur l'île de Bornéo, mettent des masques en bois peint (à gauche) lors des fêtes des moissons, lorsqu'on célèbre la fin des récoltes et la fertilité de la terre. Ces danses fêtent également le lien entre les Dayaks et le cycle de la nature.

FÊTE DES MASQUES IVOIRIEN
La Côte-d'Ivoire, comme tous les pays d'Afrique occidentale, est célèbre pour ses danses masquées. Chaque année, dans ce pays, a lieu la fête des masques.

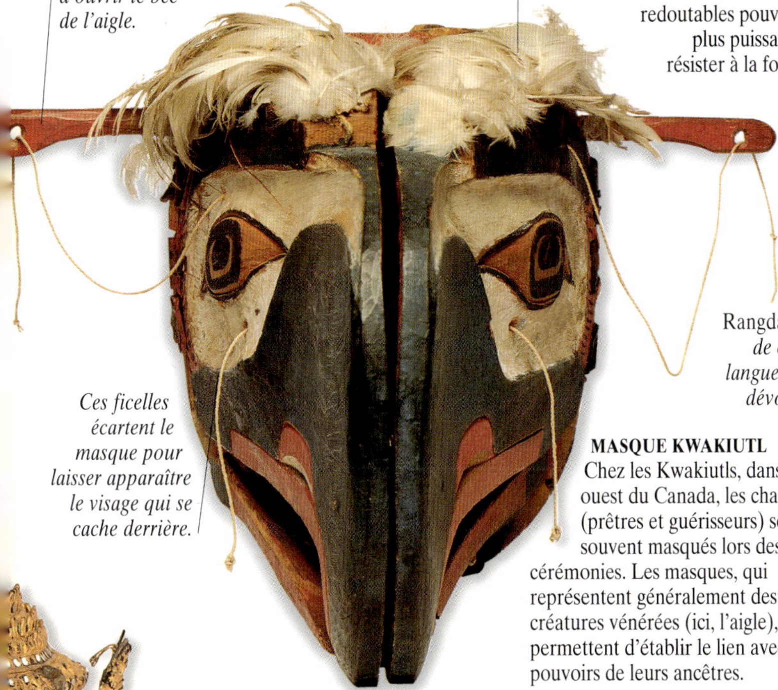

Ces petites barres permettent d'ouvrir le bec de l'aigle.

Ce masque a une double fonction : figurer l'aigle et dévoiler l'être humain.

Ces ficelles écartent le masque pour laisser apparaître le visage qui se cache derrière.

MASQUE DE « RANGDA » À BALI EN INDONÉSIE
Selon la tradition hindoue, les épouses étaient tuées quand leurs maris mouraient. Dans la danse balinaise, la figure de *rangda*, la veuve, représente celles qui ont survécu à tout. C'est une sorcière possédant de redoutables pouvoirs magiques, et seul le plus puissant des danseurs peut résister à la force de son esprit.

Rangda *est d'aspect hirsute et sauvage.*

Rangda *est pourvue de crocs et d'une langue pendante pour dévorer les enfants.*

MASQUE KWAKIUTL
Chez les Kwakiutls, dans le nord-ouest du Canada, les chamans (prêtres et guérisseurs) sont souvent masqués lors des cérémonies. Les masques, qui représentent généralement des créatures vénérées (ici, l'aigle), leur permettent d'établir le lien avec les pouvoirs de leurs ancêtres.

DANSE DE COUR THAÏLANDAISE
Lors de fêtes exceptionnelles, comme l'anniversaire du roi, les danseurs portent de magnifiques masques en papier mâché surmontés d'une sculpture dorée. Bien que la Thaïlande soit un pays bouddhiste, les danses de cour ont généralement pour thème les grandes épopées hindoues. Parmi celles-ci, le *Ramayana* relate la vie de Rama, le roi d'Ayodhya, incarnation du dieu Vishnou.

Ce costume est réaliste.

MASQUES D'ANIMAUX
Pour un ballet inspiré des contes de Beatrix Potter, costumes et masques (soigneusement rangés dans les réserves du Royal Ballet quand ils ne servent pas) représentent fidèlement chaque animal. Malgré ces costumes encombrants, les danseurs ont réussi à incarner à merveille chaque personnage – dont l'adorable écureuil Nutkin – à travers leurs gestes, brillamment chorégraphiés par le danseur et chorégraphe britannique Frederick Ashton (1904-1988).

Le pouvoir d'expression des yeux et des mains est essentiel.

UN ART ANCIEN
En Inde, presque tous les arts du spectacle sont liés à la religion. Par exemple, le bharatanatya rappelle les anciennes danses des temples de Tamil Nadu, dans le sud de l'Inde. Autrefois, les danseurs étaient issus de certaines familles et portaient le nom de *devadasis*.

LA DANSE COMME DÉVOTION

En accordant pensée et sentiments, la danse produit des émotions très profondes. En Australie, Inde, Afrique et ici et là en Asie, des danses ont un caractère religieux. Pour leurs interprètes, danser c'est prier. Même là où la danse n'est pas, à proprement parler, sacrée, ceux qui se consacrent à cet art parlent de transcendance. Autrement dit, pour eux danser c'est s'élever au-dessus de la vie quotidienne pour pénétrer dans un monde plus spirituel.

Ce mouvement ressemble beaucoup à l'une des positions traditionnelles de Shiva Nataraja, le dieu indien de la danse.

Les plis sont aussi pratiques qu'esthétiques.

LES « DEVADASIS »
Jadis, dans la société indienne, les activités religieuses et profanes n'étaient pas séparées. Les *devadasis* dansaient aussi bien lors de cérémonies, telles que les mariages, que devant les princes, dans des spectacles divertissants.

LES DERVICHES TOURNEURS
Les derviches sont des moines d'une confrérie musulmane née en Turquie. Ils dansent en tournant sur eux-mêmes, de plus en plus vite, les bras tendus, pour parvenir à une sorte de transe. Plongés dans cet état de conscience supérieure, ils pensent qu'il est possible d'entrer en contact avec Dieu.

LE « MOMENT DU RÊVE »
En Australie, les Aborigènes dansent pour accéder à une zone intemporelle qu'ils appellent le « Moment du rêve ». D'après de très anciennes croyances, c'est à ce moment-là que tout fut créé. Le fait d'exécuter les danses sacrées permet de recréer l'univers et de préserver l'ordre des choses.

Bracelets

Parure pour les cheveux

COSTUMES ET BIJOUX
Le bharatanatya fut revu et corrigé dans les années 1930, et on s'inspira, pour les costumes, des sculptures des temples ainsi que de la vie quotidienne. La plupart des personnages sculptés hindous étant parés de bijoux, ceux-ci trouvèrent place sur les danseurs. Et comme les *devadasis* se vouaient au dieu du temple en se mariant symboliquement avec lui, leur costume fut naturellement adopté par les mariées.

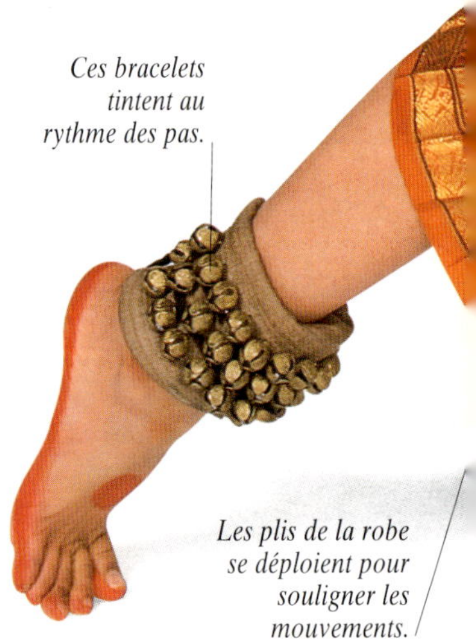

Ces bracelets tintent au rythme des pas.

Les plis de la robe se déploient pour souligner les mouvements.

La coiffure et les bijoux ressemblent à ceux d'une mariée de Tamil Nadu, en Inde.

LE BHARATANATYA AUJOURD'HUI

De nos jours, le bharatanatya a lieu dans des théâtres sous la forme de spectacles solos, associant atmosphère, musique et drame. Le nom vient de l'assemblage des mots *bhava* (l'émotion), *raga* (la mélodie), *tala* (le rythme) et *natya* (le drame). Le pouvoir d'expression de la danseuse, plus que ses simples qualités physiques, est fondamental dans le bharatanatya. Bien que les interprètes ne soient plus mariées avec les dieux, le spectacle a encore souvent pour thème des histoires de divinités et de nymphes célestes. Il débute et s'achève toujours par un acte de dévotion à Dieu.

Les positions et les mouvements des mains sont très précis.

L'ESPACE

Quand elle évolue sur une très petite scène, la danseuse de bharatanatya suggère l'espace au moyen de son corps, et particulièrement de ses yeux, plutôt qu'en effectuant de grands déplacements.

Avec ses bijoux et ses fleurs, la danseuse ressemble aux statues hindoues.

Ogun, le dieu du fer, des forgerons et de la guerre

BÂTON DE DANSE YORUBA

Les Yorubas, au Nigeria, utilisent des bâtons de fer, correspondant chacun à un dieu particulier, pour marquer le rythme des différentes danses associées aux dieux.

Cercle de feu

LE DIEU DE LA DANSE

Shiva Nataraja, le dieu indien de la danse, est une des nombreuses formes prises par le grand dieu hindou Shiva. Doté de quatre bras, il est toujours représenté en train de danser. Il symbolise le cycle de l'univers : création-mort-régénération.

Démon écrasé par Shiva

RUTH SAINT DENIS

Ruth Saint Denis (1877-1968), une des pionnières de la danse moderne américaine, voulait célébrer le spirituel dans ses chorégraphies. Elle cherchait son inspiration dans les mythologies du monde entier, et elle créa de nombreuses chorégraphies exotiques, basées sur sa vision de l'Orient. Bien que très populaires, ses ballets manquaient terriblement d'authenticité.

LA DANSE DE COUR

Autrefois, à travers le monde, régnaient des souverains qui aimaient, entourés de courtisans, mener grand train. Au nombre de leurs divertissements, se comptaient ce qu'on appelle des danses de cour, par lesquelles le roi montrait sa richesse en même temps que la souveraineté qu'il exerçait sur son pays et ses sujets. Ces danses d'un genre particulier, à la fois majestueuses et sobres, avaient lieu à de grandes occasions. De tels spectacles permettaient au prince d'apparaître au-dessus de tous et de renforcer ainsi sa position d'autorité. Les danses de cour avaient ceci de particulier qu'elles étaient très hiérarchiques, qu'elles plaçaient les détenteurs du pouvoir à l'écart du commun des mortels. Par ailleurs, et c'est très important, elles ont donné naissance aux formes classiques de la danse en Europe, en Asie et en Afrique.

Masque figurant Matsubara, un dragon-roi

Masque fait de bois laqué et de cheveux humains

LE BUGAKU
Le bugaku et le gagaku, au Japon, sont les plus anciens témoins dans le monde de la danse et de la musique de cour. Aujourd'hui, des interprètes de ce spectacle resté inchangé prétendent appartenir à la trente-neuvième génération de danseurs ; autrement dit, leur famille danse et chante depuis 1 200 ans ! Parmi ces danses japonaises, certaines dépeignent des batailles légendaires, tandis que d'autres évoquent des rencontres avec des êtres surnaturels ou des animaux mythiques. Le costume du bugaku comporte souvent des masques impressionnants.

Les kimonos du bugaku sont magnifiquement ornés.

De longs kimonos habillent les danseurs pour la danse du bugaku, la plus sérieuse, dite danse « gauche ».

La tradition du bugaku veut que les interprètes ne soient que des hommes qui sont travestis pour les rôles féminins.

La majesté des poses est capitale dans le bugaku.

LE DÉFILÉ DU 1er OCTOBRE À PÉKIN
Une des grandes fêtes chinoises est la célébration du jour de la Nation, le 1er octobre. Il s'agit de commémorer le jour de 1949 où le parti communiste s'empara du pouvoir, après plusieurs années de lutte, et instaura la république populaire de Chine. Le goût des grandes manifestations s'exprime, ici, dans la danse des éventails, pleine de couleurs et parfaitement synchronisée.

UN TRÉSOR NATIONAL
Dans le bugaku, une danse digne et majestueuse, l'interprète se déplace très lentement, avec élégance, en suivant des schémas simples et symétriques. Pendant des siècles, seuls la maison royale, les dignitaires du gouvernement et leurs invités ont pu assister à ce spectacle, et le public normal a dû attendre la fin de la Seconde Guerre mondiale. Aujourd'hui, les Japonais estiment que ces danses symbolisent les qualités de leur âme nationale et, en 1995, les danseurs de bugaku et de gagaku ont été proclamés « trésors nationaux vivants ».

DANSE ROYALE GHANÉENNE
Porté par ses courtisans, le roi élu des Achantis, au Ghana, fait une entrée remarquée. A certaines occasions, le souverain danse devant son peuple pour montrer ses vertus royales. Ses mouvements sont puissants, mais lents et dignes. Le parasol qui protège le monarque est conçu pour « danser », lui aussi, au rythme des tambours.

Bagues achanties en or et incrustées de pierres précieuses

Poignards achantis en or

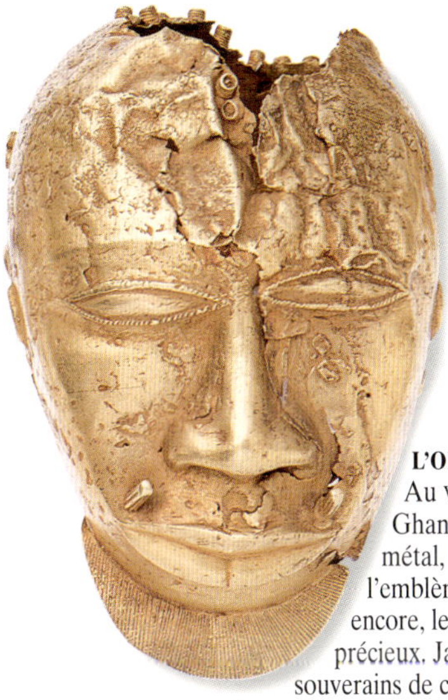

L'OR DES ACHANTIS
Au VIIIe siècle, les Arabes parlaient du Ghana comme de la « terre de l'or », métal, qui, de fait, fut pendant longtemps l'emblème des Achantis. Aujourd'hui encore, le roi danse, lesté de bijoux d'or très précieux. Jadis, les têtes en or des glorieux souverains de ce peuple décoraient le trône royal, et un tabouret du même métal symbolisait l'unité de la nation.

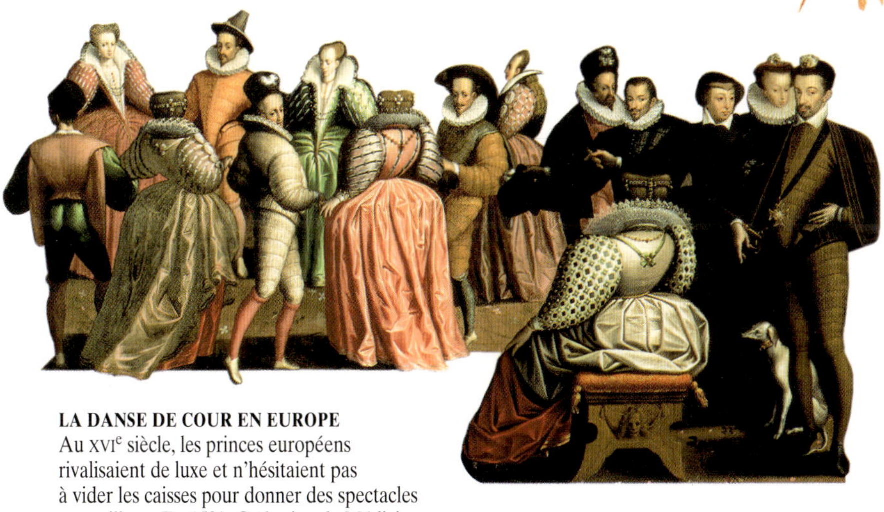

LA DANSE DE COUR EN EUROPE
Au XVIe siècle, les princes européens rivalisaient de luxe et n'hésitaient pas à vider les caisses pour donner des spectacles merveilleux. En 1581, Catherine de Médicis et son fils Henri III organisèrent un mariage royal comprenant plusieurs bals de cour. Ces bals, organisés au palais du Louvre furent si somptueux qu'ils servirent de modèle pour toutes les fêtes ultérieures.

LE SOLEIL MÊME
L'histoire de France se rappelle Louis XIV comme le Roi-Soleil. En 1653, alors âgé de 15 ans, Louis incarna le soleil levant dans *Le Ballet de la nuit*. L'année suivante, il apparut sous les traits d'Apollon, le dieu grec de la Lumière dans *Les Noces de Pélée et de Thétis*. Ses costumes étaient ornés de représentations du Soleil.

Ce costume est orné de motifs représentant le soleil.

DANSER À LA COUR DE LOUIS XIV
Au cours de son règne, Le Roi-Soleil installa sa cour à Versailles. Le souverain était réputé pour aimer beaucoup la danse, et être invité à se produire devant lui était un très grand honneur qui pouvait ouvrir une carrière. Il n'était pas rare que le souverain lui-même se produisît sur scène. Mais les fastes de la cour répondaient à une autre motivation. En obligeant les aristocrates à dépenser sans compter pour suivre ses extravagances, et en les tenant éloignés de leurs provinces, siège de leur puissance, Louis les gardait sous son emprise, financièrement et politiquement.

Louis XIV incarnant le soleil levant dans *Le Ballet de la nuit* en 1653

L'HÉRITAGE NATIONAL

Ceux qui s'adonnent à la danse ensemble ont souvent le sentiment d'appartenir à une même communauté. Danser de concert peut rappeler une identité culturelle et rendre fier d'un héritage. Cette expérience revêt une importance particulière durant des périodes difficiles, de pauvreté ou d'oppression. En effet, la danse peut redonner courage et respect de soi à des personnes qui se sentent désemparées dans leur propre pays colonisé, ou qui ont été obligées d'émigrer pour des raisons économiques ou à cause de la guerre. La danse fortifie les liens d'une communauté, qui donne ainsi à l'extérieur une image positive d'elle-même. Les exemples ne sont pas rares de danses anciennes ressuscitées alors qu'apparaissent les signes d'une volonté d'indépendance politique. Ce phénomène entraîne souvent à rendre encore plus belles les danses.

Le dragon-roi est toujours jaune et or, des couleurs porte-bonheur.

Le dragon comporte jusqu'à douze parties, chacune d'elles mesurant de 1 à 3 m.

Il faut plusieurs danseurs, un joueur de tambour et un meneur pour faire danser le dragon.

Danse du dragon chinois

LA DANSE DU DRAGON
Dans la mythologie chinoise, le dragon céleste représente l'habileté, la noblesse et la bonne fortune. Autrefois, la danse du dragon, qui avait une place centrale dans de nombreuses fêtes, servait à chasser les démons et à favoriser la chance. Aujourd'hui, elle est surtout associée au nouvel an chinois, et elle a lieu dans tous les pays où vivent d'importantes communautés de Chinois. Le dragon est suivi par un cortège bruyant qui joue du tambour, envoie des pétards et crie de joie.

LA DANSE DE L'INDÉPENDANCE
Jusqu'au XIXe siècle, la sardane était une danse de Catalogne (nord-est de l'Espagne) fort peu connue. Mais au fil des échecs des Catalans dans leur lutte d'indépendance à l'égard de l'Espagne, la sardane se répandit et devint un symbole de la rébellion catalane. A tel point que, le gouvernement autoritaire de Franco essaya, en vain, de l'interdire.

Plumes de faisan

Quetzalcoatl, le fabuleux dieu-serpent aztèque, divinité de la lumière parée de plumes

LA DANSE DU QUETZAL, AU MEXIQUE

Afin de retrouver leur identité culturelle d'avant la conquête, des Mexicains décidèrent de se rassembler en formant des groupes de danse. Lors de fêtes et de veillées nocturnes, ils exécutaient d'anciennes danses aztèques, dont certaines portent le nom de leurs anciens dieux, à commencer par le plus puissant d'entre eux, Quetzalcoatl.

Coiffure

Costume de danse irlandaise, vu de dos

Le trèfle, symbole de l'Irlande

Le vert, le blanc et le doré sont les couleurs de l'Irlande.

Rose irlandaise en dentelle brodée à la main

L'ORISSI EN INDE ORIENTALE

L'orissi, une danse indienne traditionnelle, était exécuté jadis uniquement par des danseurs de temple, les *maharis*. A l'instar d'autres formes classiques, il connut une renaissance culturelle entre les années 1930 et 1950, au moment des grandes luttes contre la Grande-Bretagne pour l'indépendance.

Danseuse d'orissi

DANSE IRLANDAISE ET IDENTITÉ

Au début du XXe siècle, la danse irlandaise, de simple distraction qu'elle était, devint le symbole du nationalisme. Les danses furent standardisées et les costumes se chargèrent d'ornements tels que des motifs celtiques repris du *Livre de Kells*, un manuscrit enluminé du IXe siècle, qui venait d'être découvert.

Chef ute

LE « POWWOW » DES INDIENS

Les colons américains se méfiaient des grands rassemblements intertribaux appelés *powwows*. Dans les années 1930, craignant de perdre leur identité culturelle, les Indiens d'Amérique firent de ces rassemblements des compétitions de danse, de façon à transmettre un aspect de leur glorieux passé aux jeunes générations.

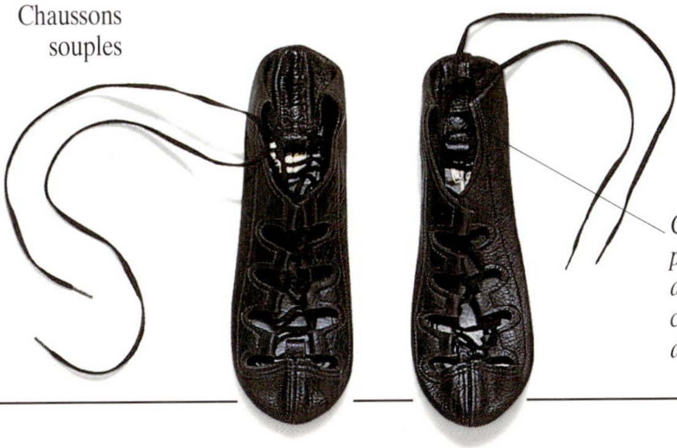

Chaussons souples

Ces chaussons permettent de faire des pas complexes, comme ceux de la gigue.

Danseurs kikouyous exécutant une danse de cour

DANSEURS KIKOUYOUS AU KENYA

Dans beaucoup de sociétés d'Afrique orientale, de jeunes couples exécutent des danses de cour. Ci-dessus, ces deux personnes sont en train de se produire devant des touristes.

LE RENVERSEMENT DES RÔLES

Une danseuse peut se travestir en homme et inversement, pour diverses raisons. Par exemple, en France, vers la fin du XIXe siècle, le ballet étant devenu une activité exclusivement féminine, les femmes prirent les rôles masculins. C'est ainsi que le rôle de Franz dans *Coppélia*, ballet créé à Paris en 1870, fut tenu par une certaine Eugénie Fiocre. Aux XVIIe et XVIIIe siècles, en Chine et au Japon, il était mal vu pour une femme de monter sur scène, si bien que certains interprètes masculins en vinrent à se spécialiser dans les rôles féminins.
Très souvent, l'inversion des sexes prend un aspect humoristique. Partout dans le monde, il existe des comédies montrant des hommes travestis en femmes ; le plaisant venant de l'outrance du maquillage et des costumes. En revanche, les Vendas, en Afrique du Sud, inversent les rôles dans la danse pour des raisons très sérieuses. Selon eux, ce subterfuge permet de tromper les mauvais esprits qui risqueraient, sinon, de faire du mal aux danseurs. De nos jours, dans la danse moderne, il s'agit le plus souvent d'hommes déguisés en femmes.

Patrick Dupond dans *Salomé*

LA SALOMÉ DE BÉJART
Dix lignes seulement sont consacrées à Salomé dans la Bible ; pourtant, son histoire a été racontée, et développée, dans tous les arts, et plus particulièrement dans la danse. Invitée à danser à la cour pour l'anniversaire du roi Hérode, Salomé subjugua le souverain, qui l'invita à lui demander ce qu'elle voulait. Conseillée par sa mère, elle demanda la tête de saint Jean Baptiste. Salomé a toujours été représentée sous les traits d'une femme sensuelle et fatale. Désireux de casser ce stéréotype, le chorégraphe français Maurice Béjart donna ce rôle à un homme.

LE GROTESQUE DES HOMMES TRAVESTIS
Dans le ballet romantique, les danseuses sont l'essence même de la beauté et de la grâce. C'est pourquoi ces femmes si belles ne peuvent pas jouer de vilains rôles, lesquels sont tenus par des hommes travestis. Dans *La Fille mal gardée* (1960), de Frederick Ashton, Lise, la fille de la veuve Simone, est amoureuse de Colas, mais sa mère veut lui faire épouser Alain, un simple d'esprit, héritier d'un riche fermier. Ce ballet ménage de nombreux effets comiques, aussi bien par les personnages que par la chorégraphie.

La veuve Simone, personnage grotesque, joué par un homme, évoque ici une dame de pantalonnade.

LA MÉCHANTE FÉE CARABOSSE
La malfaisante Carabosse dans *La Belle au bois dormant* (ballet créé en 1890), les vilaines sœurs dans *Cendrillon* (1948) et la veuve Simone dans *La Fille mal gardée* (1960) sont tous des rôles de femmes grotesques ou comiques dansés par des hommes. Dans *La Belle au bois dormant*, Carabosse jette un sort à une jeune princesse pour la tuer, mais la bonne fée Lilas contre le sort et la jeune fille s'endort pour cent ans jusqu'à ce qu'un prince charmant se présente.

La fée Carabosse (à droite) dans *La Belle au bois dormant*

Fausses hanches

Crinoline

LE COSTUME DE CARABOSSE
Le rôle de Carabosse est généralement interprété par un homme. La méchante fée a un aspect peu engageant et sa cruauté se lit aussi sur son costume, qui comprend de fausses hanches et une crinoline, recouvertes d'une robe noire poussiéreuse et en lambeaux.

VERSION MODERNE DU « LAC DES CYGNES »
Le *Lac des cygnes* créé par Matthew Bourne pour la compagnie Adventures in Motion Pictures en 1995, a étonné les spectateurs. Ici, point de frêles ballerines. Les cygnes sont des hommes torse nu, vêtus de pantalons bouffants en plumes. Ils évoquent à la fois la grâce d'un oiseau et la férocité, mélange jamais vu dans les précédentes versions, plus classiques, de ce ballet. Ces personnages représentent la virilité et l'autorité du premier rôle masculin, le prince Siegfried, et non plus la grâce féminine, l'élégance d'Odette-Odile, la danseuse principale.

LES « ONNAGATAS » DU KABUKI
Dans de nombreuses danses japonaises, seuls les hommes étaient autorisés à se produire en public. Certains drames réclamant des rôles féminins, des acteurs se spécialisèrent dans ce registre. Dans la danse dite kabuki, ces « spécialistes » sont appelés *onnagata*, c'est-à-dire « personne-femme ». Le maquillage et les costumes précieux permettent à un homme mûr de se muer en ravissante jeune femme, mais la vraie transformation se traduit dans les gestes, le maintien et la voix de l'interprète. Les acteurs de kabuki apprennent non seulement à bouger gracieusement sur une scène, mais aussi à penser comme une femme.

La coiffure d'un onnagata est souvent surchargée.

Ces costumes somptueux pèsent jusqu'à 18 kg.

Un kimono de kabuki est conçu de manière à être ôté aisément quand il faut transformer le personnage.

P.M.E. LIBRARY
BIBLIOTHÈQUE E.P.M.

DU VIEUX ET DU NEUF

La danse plonge ses racines dans le passé et le présent. Pour pleinement l'apprécier, le public a besoin de comprendre facilement le sens du spectacle auquel il assiste. Les chorégraphes entretiennent divers rapports avec les traditions. Certains les ignorent parce qu'ils les jugent sans rapport avec le présent ; ils veulent créer une danse qui aborde des préoccupations contemporaines. D'autres, en revanche, sentent qu'il leur faut retrouver un passé glorieux, riche de sens. D'autres encore voient leur travail comme le développement logique d'une tradition qui ne fait qu'évoluer.

DE TRÈS VIEUX MODÈLES
Depuis qu'on les a redécouvertes, les images peintes et sculptées des danseurs grecs de l'Antiquité n'ont guère cessé d'inspirer les chorégraphes modernes, dont Isadora Duncan, qui s'est montrée sensible à leur élégance.

SOURCES D'INSPIRATION
L'Américaine Isadora Duncan (1878-1927) est considérée comme la libératrice de la danse, dont les anciennes règles lui semblaient contraires à la nature. Dans sa quête d'authenticité, elle se tourna d'abord vers la Grèce antique, puis vers la nature, et enfin vers elle-même. Elle disait que la danse était « un art perdu depuis deux mille ans ».

Les tenues d'Isadora Duncan étaient inspirées, elles aussi, de la Grèce antique.

Motifs empruntés à des frises grecques

« COPPÉLIA, OU LA FILLE AUX YEUX D'ÉMAIL »
Dans le ballet *Coppélia* (créé à Paris en 1870), le jeune Franz s'éprend de la mystérieuse Coppélia, au point d'en oublier sa fiancée, Swanilda. Or, Coppélia n'est, en réalité, qu'une poupée. Les costumes des danseurs sont inspirés d'une vision romantique des habits paysans d'Europe centrale. Aussi, Swanilda porte-t-elle un chemisier à manches ballon et un corset brodé, par-dessus une jupe large.

Des fleurs des champs aux couleurs vives sont souvent brodées sur les costumes folkloriques des danseurs et des danseuses.

La guirlande de fleurs sur ce tutu romantique indique que Swanilda est une villageoise.

LE FOLKLORE DANS LE BALLET
De nombreux ballets intègrent des éléments de danses, dites de caractère, d'essence folklorique, telles que la tarentelle (Italie) ou les czardas (Hongrie). Dans l'acte I de *Coppélia*, par exemple, on voit une version stylisée de la mazurka, une danse polonaise.

LE BUTO OU LA DANSE DES TÉNÈBRES

Le Japon de l'après-guerre, traumatisé par Hiroshima et Nagasaki, a vu l'apparition d'une danse nouvelle, le buto. En donnant naissance à cette « danse des ténèbres » (*ankoku buto*), le chorégraphe Tatsumi Hijikata (1923-1986) provoqua un scandale. Il désirait faire admettre au public japonais des aspects déplaisants de leur société. Même si le buto part d'une volonté consciente de rompre avec la tradition, certains éléments, parmi lesquels une marche très lente, stylisée, que l'on retrouve dans le nô, restent ancrés dans la danse classique.

Ce visage, qui semble être un masque, rappelle celui des danseurs de kabuki.

Les crânes rasés symbolisent le rejet des perruques de la danse traditionnelle.

Ces costumes très simples ne rappellent en rien les riches kimonos du kabuki, du nô ou du bugaku.

Une poubelle et des couvercles servent d'instruments de percussion.

EN TAPANT DU PIED

A la fin des années 1980, en Grande-Bretagne, de jeunes danseurs se rassemblèrent et fondèrent une compagnie, les Tap Dogs. Plutôt que d'utiliser des instruments traditionnels en guise d'accompagnement, ils décidèrent d'employer des objets quotidiens et incongrus. Il en résulta une danse nommée Stomp (littéralement « pas lourd »), qui déborde d'énergie et qui est exécutée avec enthousiasme.

De jeunes hommes vêtus de costumes magnifiques exécutent des pas rapides et compliqués lors des concours de danse dans les powwows.

UN HÉRITAGE COMMUN

Chez les Indiens d'Amérique, deux sortes de danses traditionnelles cohabitent. Les premières, exécutées à l'intérieur de chaque tribu, servent à renforcer l'identité de ce groupe. Les secondes, exécutées par de nombreuses tribus, permettent de consolider une identité amérindienne collective. Dans les *powwows* contemporains, où l'on se réunit pour danser et chanter, sont organisés des concours de « danses fantaisie ».

LES TEMPS CHANGENT

Il n'y a pas une seule histoire de la danse, mais bien de nombreuses histoires des diverses danses dans le monde entier. Néanmoins, tous les chorégraphes entretiennent des rapports avec le passé, soit qu'ils incorporent les traditions, soit, au contraire, qu'ils cherchent à s'en démarquer. Nous sommes documentés sur des danses très anciennes, comme celles des Grecs, par des peintures et des sculptures. Nous connaissons d'autres traditions, dont celle du ballet classique, grâce aux professeurs qui ont laissé des notes concernant les pas ou les styles. L'histoire de la danse classique occidentale s'étend à peu près sur trois siècles et demi, mais d'autres traditions, au Japon, par exemple, remontent à plus d'un millénaire. Même un tel héritage n'empêche pas les danseurs de progresser et d'innover.

MARIE TAGLIONI
En 1832, quand la célèbre Italienne Marie Taglioni (1804-1884) se produisit dans *La Sylphide*, elle portait des pointes et un costume ample, au-dessus du mollet, pour mettre en valeur sa technique parfaite. Elle maîtrisa si admirablement la technique des pointes, que le ballet classique s'en trouva changé à jamais.

Chaussons du *Sacre du printemps*

« LE SACRE DU PRINTEMPS »
Ce ballet met en scène une jeune fille qui danse jusqu'à la mort pour s'offrir en sacrifice au dieu du Printemps. Créé à Paris en 1913, *Le Sacre du printemps* provoqua un scandale mémorable. L'originalité rythmique de la musique de Stravinsky et la violence de la chorégraphie de Nijinski choquèrent un public sensible aux conventions de la grâce et de la beauté.

Les danseuses sont au premier plan dans Les Sylphides, *de Fokine.*

« LES SYLPHIDES »
Le thème de ce célèbre ballet en un acte est simple : un poète est ébloui par la vision de ravissantes sylphides. Ce spectacle, créé en 1909 par le danseur et chorégraphe russe Michel Fokine et présenté par les Ballets russes prouva que le ballet restait captivant quand il ne s'inspirait pas d'une histoire dramatique soigneusement élaborée.

Costume de ballet du XVIIe siècle

Il n'était pas facile de se mouvoir dans ce corset.

La jupe était plus longue qu'actuellement.

Les costumes, de brocart d'or et d'argent, étaient somptueux.

CHANGEMENT DE COSTUME
En 1760, le chorégraphe français Jean Georges Noverre (1727-1810) publia ses *Lettres sur la danse et sur les ballets* en réaction contre les conventions qui étouffaient le ballet français. Il incitait les danseurs à se débarrasser de leurs « énormes perruques et gigantesques coiffures, qui détruisent la véritable proportion de la tête et du corps », et à ôter ces « cerceaux rigides et encombrants qui détournent l'attention des beautés de l'exécution ».

LES BALLETS RUSSES DE DIAGHILEV
Le directeur de troupe russe Serge de Diaghilev révéla de très nombreux danseurs, chorégraphes, peintres et musiciens. De 1909 à 1929, sa compagnie, les Ballets russes, effectua des tournées en Europe et aux Etats-Unis, et renouvela le ballet classique.

Tutu moderne

Ces cailloux du Rhin scintillent sous les projecteurs.

Les tutus, plus courts, ont permis aux ballerines de laisser admirer leurs jambes, leur silhouette et leur technique.

MARIE CAMARGO
En 1726, la Française Marie Camargo (1710-1770) raccourcit sa jupe à hauteur des chevilles, afin de laisser voir ses entrechats (sauts pendant lesquels les pieds se croisent rapidement). Cette initiative choqua les plus conformistes des spectateurs. Les costumes des hommes avaient toujours permis sauts et pirouettes, mais ce n'est qu'au XIXe siècle que les danseuses commencèrent à porter des vêtements moins encombrants, des tutus, qui leur accordaient une plus grande liberté de mouvement.

L'ART DE LA DANSE MODERNE
Au début du XXe siècle, les chorégraphes considéraient que le ballet obéissait à des règles trop rigides. C'est pourquoi ils simplifièrent les costumes et inventèrent des mouvements nouveaux. En 1992, la danseuse et chorégraphe américaine Twyla Tharp remonta le ballet *Push Comes to Shove*, (créé en 1976) pour le Royal Ballet, en réglant des pas et des figures étrangères au style classique.

Mouvement en déséquilibre du ballet *Push Comes to Shove*

Certains pas de la danse contemporaine paraissent anguleux comparés à ceux en usage dans le ballet classique.

Jambes et pieds en-dehors, talons joints

Première position

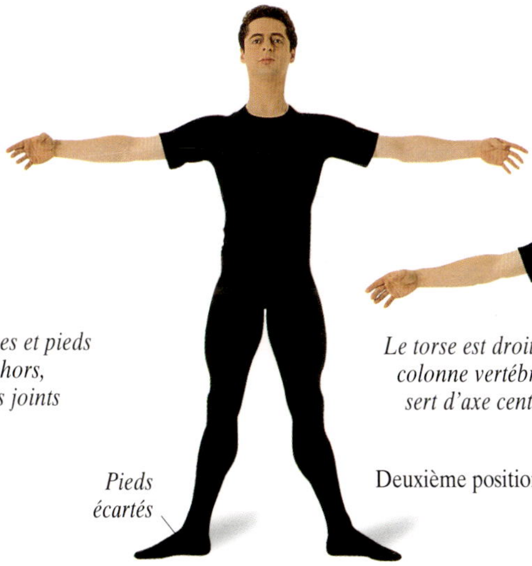

Pieds écartés

Deuxième position

Le torse est droit, la colonne vertébrale sert d'axe central.

Troisième position

Bras incurvé, levé au-dessus de la tête

Les jambes sont en-dehors à partir des hanches, tout le corps est ouvert.

Quatrième position

Cinquième position

DES SIÈCLES DE TRADITION ET DE TECHNIQUE
Toutes les danses obéissent à une certaine technique. Les interprètes font des suites de mouvements et des exercices destinés à créer un physique idéal pour chaque type de danse. Le style classique, par exemple, repose sur cinq positions codifiées par le Français Pierre Beauchamp (1631-1705) dans les années 1700.

DANSER EN GROUPE

On distingue deux catégories de danses de groupe. Dans la première, chacun garde sa place au sein de la formation durant la danse. Que l'on se déplace en cercle, en ligne droite, en décrivant des huit ou des spirales, tout le monde reste aligné et suit le meneur. Dans la seconde, les danseurs évoluent de manière indépendante dans le cadre d'une danse, mais ils « dialoguent » avec d'autres à différents moments. Généralement, chacun se retrouve, à la fin, dans sa position de départ.

LA DANSE DES ÉVENTAILS CORÉENNE
Les danseurs utilisent parfois des accessoires pour créer de jolis mouvements colorés. Par exemple, des Coréennes tiennent en main de grands éventails qui prolongent leurs gestes. Quand les danseurs se regroupent, les figures créées par tous les éventails en mouvement forment un spectacle époustouflant.

LA « SQUARE DANCE »
La *square dance* actuelle est largement inspirée du quadrille, une danse du XIXe siècle, où quatre couples évoluent en formant un carré. Dans la *square dance*, les couples peuvent changer de cavaliers, ou de place, ou même danser seuls par moments. Comme les figures sont parfois compliquées, un « animateur » est là pour crier les instructions.

Mousseline brodée du XVIIIe siècle, provenant d'Inde du Nord et montrant Krishna en train de danser avec les *gopis* (les vachères).

Selon la mythologie hindoue, les dieux ont créé l'univers en formant une ronde magnifique, dans laquelle les danseurs chassaient la poussière du chaos avec leurs pieds.

Dans de nombreuses danses, les participants se tiennent par la main ou par un mouchoir.

Le meneur improvise souvent ses pas.

Ce jupon traditionnel s'appelle une fustanelle.

CHEZ LES GRECS
En Grèce, de nombreuses danses s'effectuent en cercle fermé ; les exécutants forment une chaîne en se tenant par la main, la taille ou les épaules et dansent en rond. Les positions de début et de fin sont clairement définies. Celui ou celle qui conduit la chaîne peut l'entraîner à sa guise. L'ordre des danseurs et des danseuses tient souvent compte de l'âge. Le plus souvent, les hommes se trouvent au début de la chaîne, suivis par les femmes, tous placés du plus vieux au plus jeune.

DANS LA RONDE
Le cercle est une formation très fréquente. Il peut se déplacer dans le sens des aiguilles d'une montre, ou en sens inverse. Les personnes placées au cœur de la ronde sont là pour des raisons particulières. Tous les danseurs formant le cercle sont généralement sur un pied d'égalité, chacun pouvant voir tous les autres. Si tout le monde se tient, on doit se déplacer en cadence.

Krishna figure souvent en danseur céleste.

LES COMÉDIES MUSICALES
La tradition folklorique d'Europe orientale dite des « deux étages », où les danseurs formant un cercle portent sur leurs épaules d'autres danseurs debout ou assis, a été reprise dans les comédies musicales américaines des années 1920 et 1930. Cela permettait d'obtenir de stupéfiants effets visuels.

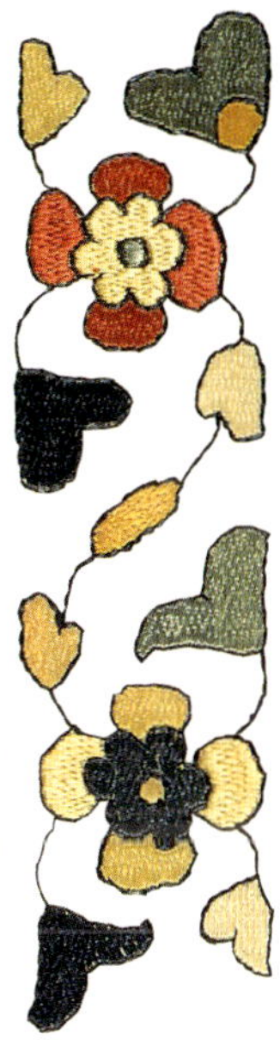

Les motifs floraux qui bordent cette mousseline rappellent le schéma de la danse.

LES RONDES DE MAI
Les rondes de mai tournent autour d'un point fixe, qui est généralement un mât, dit « arbre de mai ». Très souvent, chaque danseur tient un ruban accroché au sommet de ce mât, symbole de fertilité.

Danse du ruban bolivienne

Les rubans tenus par les danseuses s'enroulent au cours de la danse.

LA DANSE CRÉE DES LIENS

Que l'on soit simple spectateur ou participant, la danse est une manière de rapprocher les gens, qui s'y adonnent à leurs moments de loisir et peuvent même en faire un sport ou l'objet de compétitions. La danse de salon est ainsi devenue l'une des distractions les plus prisées en Europe. Sa beauté et son romantisme font rêver les danseurs comme ceux qui les regardent. Par ailleurs, des jeunes gens se rencontrent en masse et se défoulent sur les pistes des discothèques et dans les salles de danse. Quant aux carnavals, y compris les formidables manifestations annuelles de Rio de Janeiro ou de Nice, ils offrent mille occasions de se distraire et de se réjouir, tandis que, dans de nombreuses régions du monde, sont remises à l'honneur les danses folkloriques, pour la plus grande joie des spectateurs.

Les danseuses portent des robes raffinées, souvent décorées de perles et de strass.

Les partenaires échangent des signes discrets avec leurs doigts, afin de s'indiquer les changements de rythme ou de pas.

Les valseurs se vêtent généralement d'un habit.

LA DANSE DE SALON

Dans de très nombreux clubs partout en Europe, des milliers de personnes assistent à des cours de danses de salon en vue de participer ensuite à des thés dansants, voire à des compétitions. La danse de salon fut popularisée par Irène et Vernon Castle aux Etats-Unis dans les années 1910. Aujourd'hui, les amoureux de la valse, du fox-trot, du cha-cha-cha et du quickstep, entre autres, ont l'impression de retrouver à travers ces danses charmantes, avec leurs jolis costumes et leurs accompagnements mélodieux, une époque révolue, plus élégante et plus romantique.

Les plumes ajoutent à la grâce de la valseuse.

LES ORIGINES DES DANSES DE SALON
Les actuelles danses de salon ont diverses origines, dont les danses régionales, exécutées jadis par tout un chacun. Au XVIe siècle, des maîtres de ballet itinérants commencèrent à enseigner à leurs élèves aussi bien les danses de la « ville » que celles de la « campagne », et les deux styles s'influencèrent. Au XIXe siècle, plusieurs de ces danses se sont enrichies d'influences africaines.

LE CARNAVAL
En Europe comme en Amérique, les carnavals ont toujours été l'occasion de danser dans les rues et, plus généralement, de bousculer l'ordre établi. Pour cette raison, les autorités ont souvent vu d'un mauvais œil ces réjouissances.

LES DANSES DE LA CAMPAGNE
En Europe, la révolution industrielle a fait naître la nostalgie d'un passé idéalisé, où les paysans goûtaient des plaisirs simples. Cet intérêt pour la vie à la campagne se porta aussi sur les danses, et, en 1893, une Société des danses folkloriques fut créée à Stockholm, en Suède. Depuis, bien d'autres organisations ont vu le jour dans quantité d'autres pays européens, afin de sauver des cultures populaires en voie de disparition.

Danseurs suédois en costume traditionnel

Cérémonie d'ouverture des jeux Olympiques d'hiver de 1992, à Albertville, en Savoie

La chorégraphie originale et les costumes éclatants se voyaient de loin.

DANSE ET CÉRÉMONIE VONT ENSEMBLE
On a pu constater que, partout, tout au long de l'histoire, dès que rites et cérémonies perdaient leur signification ou disparaissaient, ils étaient remplacés par d'autres. A notre époque, le sport est une des dernières – et une des plus importantes – activités collectives capables de rassembler le public. C'est pourquoi les grands événements sportifs s'accompagnent de fastes et de rituels. Les jeux Olympiques, d'hiver ou d'été, sont regardés par des milliards de téléspectateurs à travers le monde, et les cérémonies d'ouverture et de clôture, hautes en couleur, sont toujours marquées par des danses et des spectacles remarquables.

LES PREMIERS DANCINGS
Les personnes des milieux modestes n'étant pas invités aux grands bals de l'aristocratie, certains d'entre eux ouvrirent, dès la fin du XVIIIe siècle, des lieux publics réservés à la danse. A la fin du siècle dernier, les habitants des grandes villes se rendaient en nombre dans ces salles pour danser et s'amuser.

Salle de danse à Paris à la fin du XIXe siècle

UN DÉCOR POUR LES DANSEURS

On peut danser n'importe où, aussi bien dans une clairière que sur la scène d'un grand théâtre. Mais un spectacle a généralement besoin d'un décor, qui joue un rôle important pour les spectateurs, puisque c'est la représentation du lieu où se passe l'action du ballet. Par exemple, s'il s'agit d'une danse figurant une procession dans la rue, on plantera un décor mobile.

En Occident, on a plutôt tendance à privilégier les décors monumentaux, tandis qu'en Extrême-Orient, les décors (excepté ceux, souvent complexes, du kabuki) se limitent le plus souvent à une toile de fond très sobre. En l'absence de tout élément figuratif, les interprètes doivent donner l'idée d'une histoire uniquement grâce à leur corps, par lequel ils font « voir » au public les scènes de voyage, de chasse ou de bataille du récit.

DANSER DANS LA RUE
Les défilés (sur cette photo, au Japon), sont souvent l'occasion pour une communauté de se réunir dans la rue afin de célébrer, par la danse, un événement. La danse en plein air favorise davantage la participation du public que les spectacles donnés dans des théâtres.

DÉCOR DE 1989 POUR LE « LAC DES CYGNES »
Un décor donne une certaine atmosphère à une histoire. Cette maquette représente la salle de bal de l'acte III du *Lac des cygnes*, l'un des plus célèbres ballets classiques. En s'inspirant, bien sûr, de l'œuvre du compositeur russe Petr Ilitch Tchaïkovski (1840-1893), le décorateur a conçu un décor qui situe l'action du ballet à la cour du tsar. Des éléments imaginaires se mêlent à des détails historiques précis. Les bijoux, les lourdes guirlandes d'or et les tentures pourpres sont là pour évoquer la magnificence des palais de l'empereur de Russie.

Croquis orignal du décor de 1943

Maquette du décor du *Lac des cygnes*, au Royal Opera House, à Londres en 1989

MODERNISATION D'ANCIENS DÉCORS DU « LAC DES CYGNES »
Le Royal Ballet de Londres, en Angleterre, a donné le *Lac des cygnes* dans de très grandes salles en utilisant un décor fabriqué en 1943. La décoratrice Yolande Sonnabend le modernisa, ainsi que les costumes, en 1989, afin de donner une nouvelle atmosphère, mieux adaptée aux jeunes générations, à ce ballet inscrit au répertoire académique de presque tous les opéras du monde.

UNE SOIRÉE EN DISCOTHÈQUE
Les discothèques sont apparues vers 1950, mais elles ont connu le grand succès que l'on sait à la fin des années 1970 et durant la décennie suivante. De très nombreux jeunes se pressent sur de vastes pistes éclairées par des lasers et par des rampes de spots multicolores, destinés à créer une ambiance survoltée. Les compagnies de disques ont encouragé l'essor de ces lieux de distraction en produisant de la musique « disco », qui leur procura d'énormes profits.

L'ACTE III DU « LAC DES CYGNES »
La scène du bal, représentée ici, se situe au cœur de l'action du ballet. Au cours du bal, le prince Siegfried se laisse convaincre de demander en mariage Odile, la fille du vil conspirateur Rothbart. Celui-ci regarde d'un air satisfait le jeune couple danser un pas de deux.

Esquisse pour le décor de *Puttin' on the Ritz*, 1929

Décor véritable de *Puttin' on the Ritz*, 1929

LA DANSE « MADE IN » HOLLYWOOD
Dans les années 1920, des décors parmi les plus époustouflants furent créés pour les comédies musicales hollywoodiennes, dont *Puttin' on the Ritz*, de Busby Berkeley (1895-1976). L'avènement du parlant, en 1927, permit aux producteurs de cinéma d'offrir au public des œuvres à grand spectacle, pleines de danses et de chansons. De fantastiques décors captivaient l'attention du public, d'autant mieux que les scénarios se montraient parfois un peu faibles ! Busby Berkeley était alors le maître de la comédie musicale et, aujourd'hui encore, les décors de ses films touchent encore le public.

LES MAÎTRES DES CHAUSSONS
Les interprètes portent des chaussons, dont les fameuses pointes, adaptés au spectacle et à leur style. Des personnes ont pour tâche de veiller sur tous ces chaussons, de s'assurer qu'ils sont en bon état, d'une couleur correspondant aux costumes, et de les remplacer quand cela est nécessaire.

Maquette de décor pour Casse-Noisette

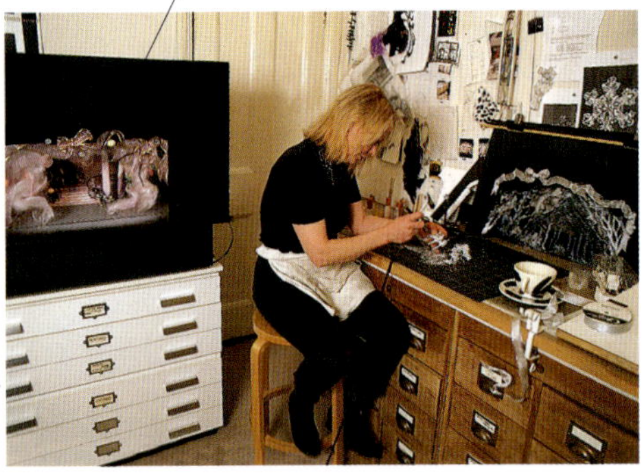

LES DÉCORATEURS
Afin de créer les décors pour le spectacle, le décorateur s'entretient du ballet dans son ensemble avec le chorégraphe, avant de réaliser des dessins. Une fois ses idées approuvées, on construit généralement une maquette, à l'échelle exacte, pour avoir une vue en trois dimensions. La maquette est ensuite modifiée selon les désirs du directeur artistique.

DANS LES COULISSES

Quand nous pensons à un ballet, nous pensons d'abord aux danseurs, puis au chorégraphe, enfin, éventuellement, à la musique et au décor. Et pourtant, la danse fait intervenir beaucoup d'autres personnes, qui travaillent au spectacle dans les coulisses : les notateurs, qui transcrivent les pas et les indications scéniques ; les éclairagistes, qui créent les ambiances et enrichissent le décor ; les professeurs et les physiothérapeutes, qui veillent sur le corps et les articulations des danseurs ; et aussi tous ceux qui s'occupent des accessoires, chaussons, costumes ou perruques ; les techniciens du son, les machinistes, les peintres, les menuisiers, le personnel de la billeterie, les directeurs, les attachés de presse, les administrateurs, les critiques… La liste est longue ! La plupart d'entre eux n'ont jamais esquissé un pas de danse, mais ils font partie intégrante du monde de la danse, et aucune représentation ne peut avoir lieu sans leur participation. Un ballet est une aventure collective, sur scène comme dans les coulisses.

Peintures et pinceaux

Rampe d'éclairage

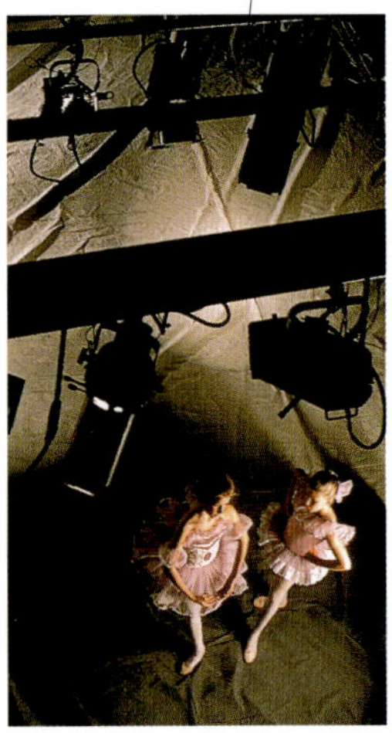

LA MISSION DE L'ÉCLAIRAGISTE
L'éclairage d'une scène sert à faire naître différentes atmosphères et à mettre en valeur les décors et les costumes. Dans le ballet *Petrouchka*, par exemple, les lumières bleues évoquent la froideur d'un hiver russe. Le plus souvent, l'éclairage de la scène et de la salle est commandé électroniquement depuis une console centrale.

Peinture pour le décor d'*Alice au pays des merveilles*, en 1995

Ces grandes fleurs donnent une joyeuse impression de conte de fées.

LES PEINTRES ET LES MENUISIERS
Quand le décor est dessiné, il s'agit de le réaliser pour de vrai. La plupart du temps, le fond du décor est peint sur toile. Mais il arrive aussi qu'on le construise en bois, avec des fenêtres et des portes, pour permettre aux danseurs d'entrer sur scène ou d'en sortir. Ces décors se démontent facilement afin d'être changés pendant le spectacle et transportés durant les tournées.

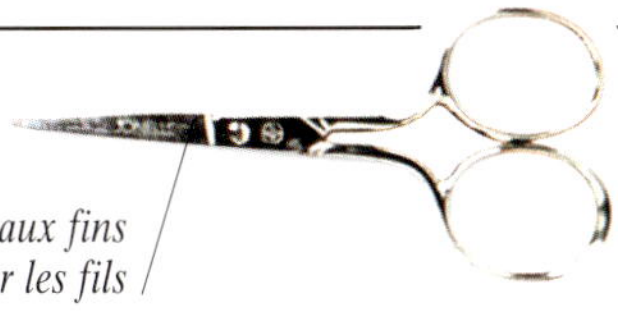

Ciseaux fins pour couper les fils

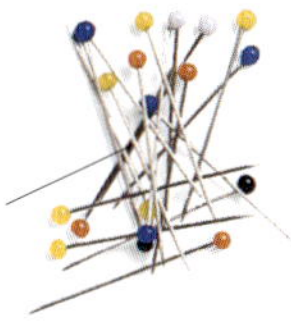

Les épingles maintiennent le tissu avant de le coudre.

Ciseaux fins et épingles de couturière

UN ÉCHAUFFEMENT NÉCESSAIRE
Avant un spectacle, les danseurs et les danseuses ont besoin de se chauffer. Pour ce faire, ils disposent d'une barre portative installée par les machinistes. Avant l'effort, ils chauffent leurs muscles, comme ils le feraient pendant un cours, et commencent par des exercices comme les pliés. Au fur et à mesure de l'échauffement, les mouvements se compliquent pour amener toutes les parties du corps à travailler. Les danseurs et les danseuses accomplissent scrupuleusement tous les exercices afin d'éviter les claquages. Ils portent des vêtements confortables qui les gardent au chaud, avant d'enfiler leurs costumes de scène.

Echauffement à la barre portative

Une couturière dans son atelier

LA FABRICATION DES COSTUMES
Costumiers et costumières dessinent les vêtements, imaginent leur tissu, puis confient leurs maquettes à des couturières qui s'occupent de les réaliser. Un costume ne doit pas entraver les mouvements du danseur. Les manches en particulier doivent laisser les bras libres de bouger. Les fermetures sont prévues de façon à être discrètes et à permettre aux artistes de changer rapidement de costume. Les costumiers et costumières occupent souvent une place privilégiée auprès des danseurs. Ainsi, Manya Charchevenikova, l'habilleuse attitrée d'Anna Pavlova, devint une véritable amie de la grande danseuse et demeura auprès d'elle jusqu'à sa mort.

Pinceaux de maquillage et tube de rouge à lèvres

LE MAQUILLAGE
Le maquillage, qui sert à modifier ou à embellir le visage d'un interprète, est appliqué en couche assez épaisse pour que les traits du danseur ressortent bien sous les forts éclairages. On maquille le visage différemment, selon que l'on désire créer une expression de mélancolie ou de férocité, par exemple. Parfois, à l'aide d'une sorte de pâte à modeler, on fabrique un faux nez ou un faux menton. Le maquillage des personnages séduisants, telle la Fée Dragée dans *Casse-Noisette*, se concentre sur les yeux et les lèvres.

Les ampoules autour du miroir sont là pour s'assurer que le maquillage sera bien visible sous les projecteurs.

Maquillage pour *Casse-Noisette*

LES DANSEUSES ET DANSEURS CÉLÈBRES

La danse n'existe que lorsqu'elle est exécutée, et parfois, un ballet provoque une impression si vive que le spectacle restera dans toutes les mémoires. Certains interprètes sont éblouissants par leur virtuosité, la perfection de leur technique, tandis que d'autres sont bouleversants par la grâce particulière avec laquelle ils donnent vie à une histoire. Les rares personnes qui cumulent ces qualités remarquables deviennent vite célèbres et leurs noms ne s'oublient pas. En fait, l'histoire de la danse se confond en grande partie avec celle de ses interprètes les plus renommés, dont Anna Pavlova, Vaslav Nijinski ou Rukmini Devi, danseurs ou chorégraphes entièrement dévoués à leur art. Aux yeux de tous, leurs noms légendaires incarnent la danse qu'ils aimaient tant.

RUKMINI DEVI
Emerveillée par la Pavlova, Rukmini Devi (1904-1986) consacra toute sa vie au renouveau des danses traditionnelles de son pays natal, l'Inde, et enthousiasma le public en se produisant.

Anna Pavlova était réputée par la qualité de ses expressions.

Pavlova en bacchante (danseuse de la mythologie grecque célébrant Bacchus)

KATHERINE DUNHAM
Danseuse et chorégraphe exceptionnellement douée et admirée, Katherine Dunham (née en 1910) créa, à la fin des années 1930, une technique de danse très originale. En effet, elle intégra au ballet classique des mouvements venant des danses africaines et caraïbes. Dunham est souvent considérée comme une figure importante de la danse afro-américaine, alors qu'en réalité, sa technique novatrice s'inscrit davantage dans le courant dominant de la danse contemporaine.

Katherine Dunham, qui créa sa propre école de danse en 1945

Rogers et Astaire dans *Roberta* (1935)

FRED ASTAIRE ET GINGER ROGERS
Un producteur de films dit un jour de Fred Astaire (1899-1987) qu'il savait « à peine danser ». Cela n'empêcha pas le virtuose des claquettes, avec sa partenaire Ginger Rogers (1911-1995), de parvenir à la gloire. Ce couple merveilleusement accordé sur la scène de la comédie musicale filmée hollywoodienne exprimait à la perfection le charme et l'élégance de la danse de salon.

ANNA PAVLOVA
Tous ceux qui l'ont vue danser et ceux qui la connaissent de réputation seraient d'accord pour dire que la danseuse russe Anna Pavlova (1881-1931) incarnait l'essence même du ballet. Dès ses débuts, elle fut remarquée pour sa grâce émouvante et fragile. Pavlova voulait (ce sont ses termes) « danser pour tous les habitants de la terre », et c'est sans doute pourquoi elle était sans cesse en tournée. De 1910 à 1925, elle visita l'Europe, les Amériques, l'Asie et l'Afrique du Sud, se produisant environ 4 000 fois et inspirant nombre de danseurs et de chorégraphes

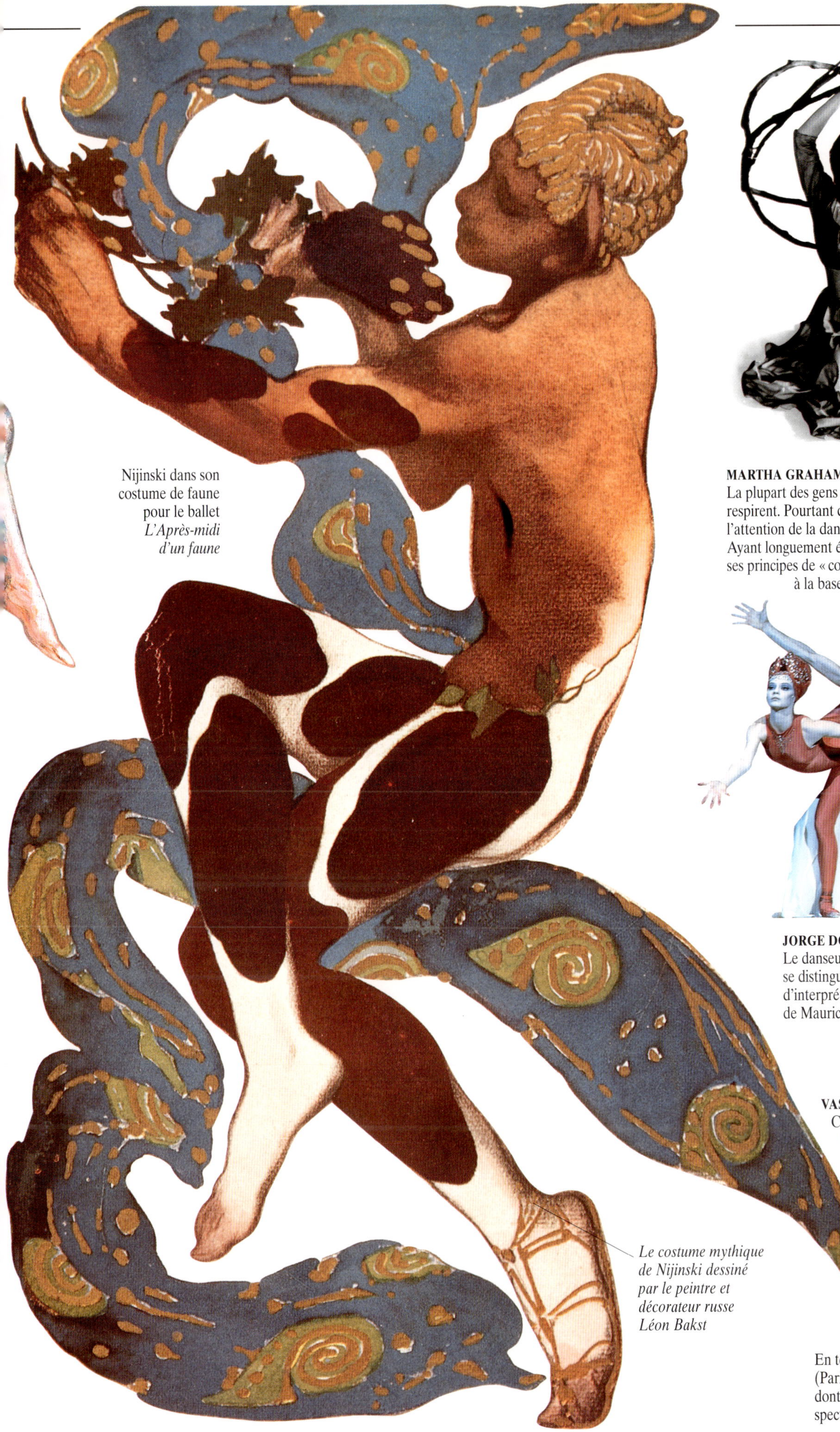

Nijinski dans son costume de faune pour le ballet *L'Après-midi d'un faune*

Le costume mythique de Nijinski dessiné par le peintre et décorateur russe Léon Bakst

Martha Graham dans *Salem Shore* (1941)

MARTHA GRAHAM
La plupart des gens n'ont pas vraiment conscience qu'ils respirent. Pourtant cette activité bien naturelle retint l'attention de la danseuse Martha Graham (1894-1991). Ayant longuement étudié la respiration, elle mit au point ses principes de « contraction et de détente », qui sont à la base de sa technique.

JORGE DONN
Le danseur argentin Jorge Donn (1947-1992) se distingua par ses grandes qualités d'interprétation. Il fut l'interprète fétiche de Maurice Béjart.

VASLAV NIJINSKI (1889-1950)
Ce danseur russe légendaire émerveilla le public non seulement par la beauté de son expression mais aussi par l'ampleur prodigieuse de ses bonds. Dans *Le Spectre de la rose* (1911), où il incarnait l'âme d'une rose, il bondit d'une fenêtre, dans la nuit, accomplissant ainsi le saut sans doute le plus célèbre de l'histoire du ballet. Nijinski fut aussi un chorégraphe novateur et incompris. En témoigne *L'Après-midi d'un faune* (Paris, 1912) sur une musique de Debussy, dont la chorégraphie fit scandale, des spectateurs jugeant ce ballet obscène.

LA CHORÉGRAPHIE, L'ART DE COMPOSER DES PAS

Le mot chorégraphie vient du grec *graphein* (écrire) et *khoreia* (danse). De nos jours, ce terme se réfère moins à l'art de décrire une danse sur le papier au moyen de signes spéciaux qu'à celui de composer, de régler des ballets. Le chorégraphe est celui qui invente un enchaînement de pas et de mouvements, et son importance varie d'une société à l'autre. Au Japon, certaines danses traditionnelles ont été chorégraphiées et sont interprétées par des familles bien précises. En Afrique et en Europe, certains pas de danses folkloriques se transmettent « oralement » de génération en génération et portent parfois le nom de leur « chorégraphe ». En Occident aujourd'hui, la chorégraphie est un métier reconnu, et certains chorégraphes peuvent devenir célèbres dans le monde entier.

Perrot avec Carlotta Grisi, pour qui il chorégraphia *Giselle*, en 1841.

JULES PERROT
Le chorégraphe et danseur français Jules Perrot (1810-1892) créa une chorégraphie expressive. Il fut l'animateur incomparable de la danse à l'époque romantique. Ses personnages, très convaincants, venaient de toutes les classes sociales, mais ses héros étaient souvent d'origine modeste.

MARIE RAMBERT
Formée à la méthode d'analyse rythmique appelé eurythmie, Marie Rambert (1888-1981), née en Pologne, étudia à Paris. C'est là qu'elle fut engagée dans les Ballets russes par Serge de Diaghilev pour entraîner les interprètes à danser le compliqué *Sacre du printemps*. En 1931, elle fonda, à Londres, la première compagnie et école de ballet permanente d'Angleterre, où elle sut cultiver le talent de célèbres chorégraphes, parmi lesquels Frederick Ashton.

Balanchine préférait travailler avec des danseuses et des danseurs aux longues jambes, morphologie adaptée à ses créations.

GEORGE BALANCHINE
Le nom de George Balanchine (1904-1983) est associé au ballet américain. Né en Russie, ce danseur et chorégraphe émigra aux Etats-Unis, où il fonda en 1934 la School of American Ballet, jetant les bases du futur New York City Ballet (1948). Le style de Balanchine, vif et athlétique, allait devenir une caractéristique d'un authentique ballet américain.

Balanchine (au centre, en 1950) montre comment effectuer un pas de deux.

MERCE CUNNINGHAM
Après avoir collaboré avec Martha Graham, le danseur et chorégraphe américain Merce Cunningham (né en 1919) développa un style très original. Bien que travaillant dans le détail tous ses mouvements, leur ordre est laissé au bon vouloir des interprètes, ou parfois même déterminé à pile ou face ! Dans ses chorégraphies, il accorde la même importance à chaque endroit de la scène, et il considère le son, le décor et les mouvements comme des entités indépendantes.

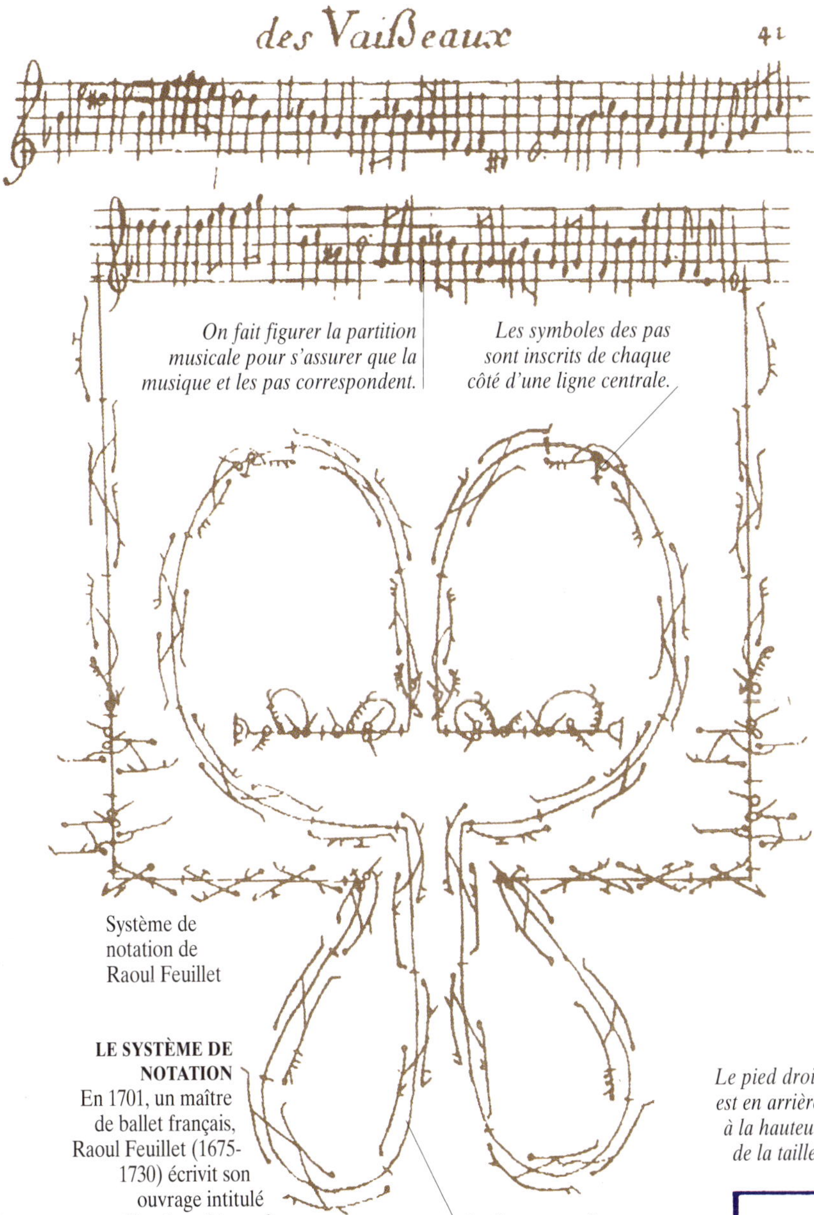

On fait figurer la partition musicale pour s'assurer que la musique et les pas correspondent.

Les symboles des pas sont inscrits de chaque côté d'une ligne centrale.

La ligne centrale indique le déplacement au sol.

Système de notation de Raoul Feuillet

LE SYSTÈME DE NOTATION
En 1701, un maître de ballet français, Raoul Feuillet (1675-1730) écrivit son ouvrage intitulé *Chorégraphie, ou l'art d'écrire la danse*, dans lequel il proposait un système pour noter les mouvements de base de la danse, plutôt que les pas conventionnels, que tout le monde connaissait. Son système fut vite adopté par les maîtres de ballet européens, qui recréaient ainsi plus aisément les chorégraphies de leurs collègues.

La position de cette danseuse est transcrite, ci-dessous à droite, en BMN.

Les mains sont levées au-dessus de la tête.

En notation BMN, les cinq lignes horizontales représentent le niveau de la tête, des épaules, de la taille, des genoux et du sol.

Les coudes et les genoux sont représentés par de simples croix.

LE SYSTÈME DE RUDOLF BENESH
Le système Benesh de notation du mouvement, en abrégé BMN, fut mis au point en Angleterre dans les années 1940 par Rudolf et Joan Benesh. Cette méthode de notation permet d'enregistrer tous les mouvements du corps, dans n'importe quel contexte, qu'il s'agisse d'un ballet ou d'un match de football. Aujourd'hui, de nombreuses compagnies de danse utilisent des notateurs Benesh pour fixer les chorégraphies inscrites à leur répertoire.

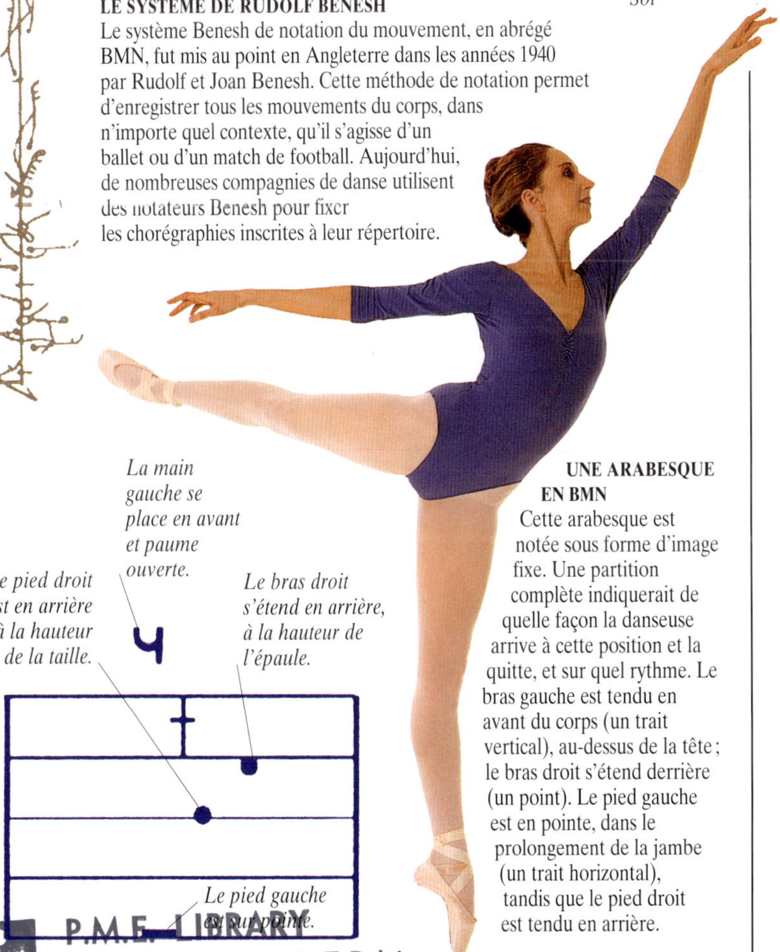

UNE ARABESQUE EN BMN
Cette arabesque est notée sous forme d'image fixe. Une partition complète indiquerait de quelle façon la danseuse arrive à cette position et la quitte, et sur quel rythme. Le bras gauche est tendu en avant du corps (un trait vertical), au-dessus de la tête ; le bras droit s'étend derrière (un point). Le pied gauche est en pointe, dans le prolongement de la jambe (un trait horizontal), tandis que le pied droit est tendu en arrière.

La main gauche se place en avant et paume ouverte.

Le pied droit est en arrière à la hauteur de la taille.

Le bras droit s'étend en arrière, à la hauteur de l'épaule.

Le pied gauche est sur pointe.

Position du corps en notation BMN

P.M.E. LIBRARY
BIBLIOTHEQUE E.P.M.

LA VALSE INCONVENANTE
Vers 1780, la valse fit son apparition en Allemagne. Les gens firent d'abord la grimace devant ces couples qui tournoyaient enlacés, affirmant que cette nouvelle danse pervertissait le corps et l'esprit de la jeune génération.

LES DANSES À LA MODE

Les danses étant un aspect de la culture d'une société, elles reflètent, au fil des modes, la plus ou moins grande ouverture culturelle de ladite société. L'histoire de la danse en Europe et aux Etats-Unis montre bien comment des danses qui symbolisent aujourd'hui la tenue et l'élégance étaient autrefois jugées choquantes. Par exemple, à l'apparition de la valse, la société bien-pensante réprouva cette danse où hommes et femmes étaient, pour la première fois, enlacés. Certaines danses scandalisèrent tellement qu'on les interdit. En 1910, une femme fit de la prison pour avoir osé exécuter une danse appelée le « trot du dindon » ! Mais tout cela n'a jamais empêché les gens d'apprendre les derniers pas à la mode.

LE CHARLESTON
Le charleston conquit New York dans les années 1920. Il est né durant la Première Guerre mondiale, quand de nombreux noirs quittèrent le sud des Etats-Unis pour venir travailler dans les usines d'armement à new-yorkaises. Ils apportèrent dans leurs bagages cette danse entraînante et joyeuse qui avait lieu dans les spectacles de music-hall afro-américains les plus populaires, tel *Runnin' Wild*. Dès lors, le charleston conquit la ville et toutes les couches de la société.

Le danseur de cake-walk plastronne volontiers.

LE CAKE-WALK
Cette danse négro-américaine, très en vogue après 1900, trouva son origine dans les plantations de canne à sucre où, après la récolte, les propriétaires organisaient un concours de danse pour leurs esclaves noirs. Les inventeurs des pas les plus exubérants gagnaient des gâteaux (*cake* en anglais). Cette danse se caractérise par une démarche fière et chaloupée, qui rompait avec la tradition des mouvements doux et glissés.

D'un coup de jambe provocant, les danseuses faisaient sauter les chapeaux de la tête des messieurs du premier rang du public.

Les danseuses de cancan soulevaient et agitaient le devant de leur robe.

La danse s'achevait par un grand écart.

Affiche signée Toulouse-Lautrec pour le Moulin Rouge

CANCAN AU MOULIN ROUGE
Le cancan, dansé avec tapage par des rangées de femmes levant haut la jambe, envahit les salles de bal parisiennes dans les années 1830. A mesure qu'il se faisait plus acrobatique, plus débridé, le cancan fut jugé contraire à la morale, mais cela n'empêcha pas son entrée, vers 1880, dans des music-halls comme le célèbre Moulin Rouge, immortalisé dans les peintures et les affiches de Henri de Toulouse-Lautrec (1864-1901).

LE ROCK AND ROLL

Dans les années 1950, faisait fureur le rock and roll. Des couples se déchaînaient sur cette musique, réinventant des pas empruntés au charleston et au lindy hop (une danse rapide et improvisée des années 1930). Chaque couple voulait « crâner » devant ses amis en exécutant des numéros acrobatiques, tels ces « pas aériens », où le danseur fait tournoyer sa partenaire.

Le danseur de rock and roll fait faire de folles figures à sa partenaire.

Le danseur garde dans sa main gauche la main droite de sa partenaire.

Les danseurs veulent donner une impression de facilité.

Chubby Cheker, l'interprète de The Twist, *un grand succès*

LET'S TWIST AGAIN

Le twist se répandit dans les années 1960, apportant une révolution aussi importante que la valse en son temps, car désormais… les partenaires ne se tenaient plus ! Face à face, ils s'agitaient et se trémoussaient chacun de leur côté, aucun ne conduisait, aucun ne suivait, il ne leur était même pas nécessaire de connaître les pas !

Talons lumineux

Adaptateurs permettant de recharger les piles dans les chaussures

LA DISCOMANIA

Les danseurs aiment toujours se parer de tenues spectaculaires : bottines rouges pour le tango, robes à franges perlées pour le charleston… et sandales clignotantes pour le disco ! Ces *disco shoes,* fonctionnant à piles, connurent un grand succès à la suite de *La Fièvre du samedi soir*, film sorti en 1977, alors que le disco devenait la danse à la mode.

INDEX

NOTES

Dorling Kindersley tient à remercier : Mary Shanley ; Kalamandalam Vijayakumar de Kala Chethena Kathakali Troupe ; Graham Mitchell et the Adonais Ballet Company ; l'Ambasade d'Indonésie et Gillian Roberts ; Freed de London Ltd. pour les chaussons de danse ; Anusha Subramanyam et Vipul Sangoi ; ainsi que Joanne Matthews, Katie Martin, Robert Graham, Goldy Broad, Maggie Tingle, Venice Shone et Elizabeth Nicola. Photographies complémentaires de Susanna Price et Gary Ombler.

ICONOGRAPHIE

h = haut, b = bas, c = centre, g = gauche, d = droite

AKG London 30hg (insert) ; Erich Lessing / Musée du Louvre, Paris 37bg ; Axiom : Jim Holmes 10hg ; Patrick Baldwin 52hg, 52bg, 52cg, 53hd, 53bg, 53bd ; Bata Shoe Museum, Canada 24hd, 25hc, 59cd ; Dominique Bernard : 19hg ; Bibliothèque Nationale de France, Paris 29hd, 57cg ; Bridgeman Art Library : British Museum, London 9bd ; *Buffalo Dance* par George Catlin (1794-1872) Location Unknown 18c ; *Le Cour de danse* c.1873-76 d'Edgar Degas (1834-1917) Musée d'Orsay, Paris, France 13hd ; *Pavlova as a Bacchante* par Sir John Lavery (1856-1941) Glasgow Art Gallery and Museum 54hd ; affiche pour Le Moulin Rouge, 1891 par Henri de Toulouse-Lautrec (1864-1901) Victoria & Albert Museum, London 58bd ; Britstock-IFA : F Aberham 36d ; Carroll & Brown 48c ; Christie's Images : Angels & Bermans 30hg, Royal Opera House 31hd *Une scène de bal* par Victor Gabriel Gilbert (1847-1935) 49hg ; Commonwealth Institute : 29cg ; Dee Conway : 9hd, 20bg, 21bd, 28bc, 39hd, Kirov Ballet 20hd, The Georgian State Dance Company 29c, Adventures in Motion Pictures 41bg, Royal Festival Hall 43hd, Royal Ballet 33bc, 41hg, 45cd, Merce Cunningham Dance Company 57hg ; Bill Cooper : Birmingham Royal Ballet 17cg ; Corbis UK Ltd : Bettmann/UPI 56bg ; Robbie Jack 44bg ; Dominic Photography : Catherine Ashmore 42bd ; Dover Publications, Inc. : Great Ballet Prints of the Romantic Era, Parmenia Migel, 1981 44hg ; Enguerand-Iliade : Agnès Courrault 41d ; Colette Masson 28bg, 40hd, 43cg, 55cd ; Robert Estall Photo Agency : Carol Beckwith 26bg ; ET Archive : 51bd, 51cd ; Royal Ballet Benevolent Fund 50bg ; Victoria & Albert Museum 55g, Carlotta Grisi & Jules Perot dans *La Polka* par J Bouvier, 1844 56hd ; Mary Evans Picture Library : 8c (above), 12g, 37d, 42bg, 49bd, 58cg, 58bg, 58hg ; Exeter City Museums and Art Gallery, Royal Albert Memorial Museum : 4cg, 35cd ; Eye Ubiquitous : David Cumming 19b ; Matthew McKee 18bd ; Glasgow Museums : St Mungo Museum of Religious Life and Art 35c ; The Granger Collection, New York : 58hd ; Ronald Grant Archive : 47hd ; The Horniman Museum London : 4hg, 4bc, 6hg, 6hg (insert), 6cg, 9bc, 15hc, 15c, 15hcd, 15hd, 15cd, 15cdd, 20hg, 32hd, 32c, 32bg, 33cd, 36c ; Hulton Getty : 18bg, 35bd, 55hd, 59g, 59hd ; Hutchison Library : 8hd ; Andre Singer 27bd ; Anna Tully 37hg ; COJ Hatt 38bd ; Image Bank : A Boccaccio 49hc ; David W Hamilton 39bg ; Frans Lemmens 32bd ; Nicolas Russell 51hg ; Steve Niedorf 52cd (below) ; Images Colour Library : 22cg, 26c ; Images of Africa Photobank : David Keith Jones 25hd, 39bd ; Kobal Collection : MGM, 1952 8bg ; RKO 54bd ; Macquitty International Photo Collection : 14cg ; Novosti : 23hd ; Panos Pictures : Penny Tweedie 16hd ; Performing Arts Library : 54hg, 54bg, 56cd ; Ben Christopher 10bg ; Clive Barda 26cg, 40bg ; Emily Booth 17hg ; Jane Mont 46hg ; Marcelo Benoahan 12cd, 28bd ; Michael Diamond 45tg ; Pictor International : 11bg, 11hg, 16bg, 38g, 43bd, 46bg, 47bd ; The Royal Ballet School : 12 hd, 12 bg, 12 bc, 12 bd, 13 bg, 13 cg, 13 cd, 13 bd, 13 hc ; Sotheby's Transparency Library : *The Dressing Room* par Dame Laura Knight (1877-1970) © Dame Laura Knight, reproduit avec l'autorisation de Curtis Brown Ltd, London 26bc ; South American Pictures : Robert Francis 39hg ; Sue Mann 14c ; Tony Morrison 10cd ; Frank Spooner Pictures : Eric Brissaud / Gamma 36bg ; Jo Pool / Gamma Press 49c ; Tony Stone Images : Bruno de Hogues 14/15b ; Chad Ehlers 49hd ; Christopher Arnesen 32cg ; David Hiser 32hg ; Gerard Pile 34cg ; Hugh Sitton 11d ; Marcus Brooke 23cg ; Penny Tweedie 34bg ; Phil Schermeister 46cg ; Rex A Butcher 50hg ; Angela Taylor : Royal Ballet 51hd ; Telegraph Colour Library : 17d ; V & A Picture Library : 16bd, 28hd, 44hd, 47c, 50/51b ; Wallace Collection : 37cg (above), 37hg (below), 37cg.

Tout a été fait pour retrouver les propriétaires des copyrights. Nous nous excusons par avance des oublis involontaires. Nous serons heureux à l'avenir de pouvoir les réparer.

P.M.E. LIBRARY
BIBLIOTHEQUE E.P.M.

P.M.E. LIBRARY
BIBLIOTHEQUE E.P.M.